Mehr Spaß am Leben

Karol A. Jackowski

Mehr Spaß am Leben

Zehn todsichere Tips einer amerikanischen Nonne

Herder
Freiburg · Basel · Wien

Übersetzung aus dem Amerikanischen von
Eli Schütz
Umschlaggestaltung und Illustrationen von
Hans-Dieter Sumpf

Satz: Barbara Herrmann, Freiburg
Belichtung: Johannes Schimann, Ingolstadt
Druck und Bindung: Freiburger Graphische Betriebe 1993
ISBN 3-451-23087-9

In Liebe
meinem allerbesten Menschen
auf der ganzen Welt
gewidmet

Vorwort

Eigentlich geht dieses Buch auf eine Vorlesung zurück, die im Frühjahr 1987 am Saint Mary's College in Notre Dame (Indiana) gehalten wurde. Zum Vorlesungsprogramm gehörte eine Reihe „Letzte Referate". Die Teilnehmer sollten ein Referat vorbereiten und dabei so tun, als würde es die letzte Rede ihres Lebens sein, sozusagen ihr Abschiedswort.

Reden halten hat mich noch nie besonders begeistert. Statt dessen fasziniert mich etwas anderes, nämlich Listen anlegen. Das machen andere Leute offensichtlich auch gern (zum Beispiel die Zehn Gebote; Zehn kleine Negerlein oder das bekannte Lied von Simon & Garfunkel „Fifty Ways to Leave Your Lover – Fünfzig Wege, dem Liebling den Laufpaß zu geben"). Lauter Listen.

Alles das auflisten, was ich selbst mit Vergnügen tue, bevor ich mich begraben lasse, und was ich anderen dringend rate – damit fing dieses Buch an. Die Aufzählung geriet dann zu einer Vorlesung, und die kam dem Buch schon näher. Das Endergebnis liegt nun in deiner Hand.

Eins muß man bei dieser Aufzählung von zehn vergnüglichen Dingen wissen: Die einzelnen Tips sind nicht nach ihrer Wichtigkeit geordnet. Ich habe sie einfach so aufgeschrieben, wie sie mir in den Sinn kamen. Alles ist für mich zu dieser oder jener Zeit wirklich wichtig geworden – manches die ganze Zeit. Sei jetzt aber nicht entsetzt, daß für eine Nonne an erster Stelle in der Liste die Wonne steht und Gott erst an dritter. Alle zehn Dinge hängen zusammen.

Jeder Mensch muß seine eigene Liste machen, er muß einfach. Die Erfahrungen, die du dabei machst, sind tausendmal mehr wert, als dieses Buch gekostet hat. „Zehn todsichere Tips für noch mehr Spaß am Leben“ klingt doch auch ganz gut. Oder: „Zehn Dinge, die du niemals für den Rest deines Lebens tun solltest“. Du kannst auch Kinder bitten, eine Aufzählung zu machen. Ich habe die Kinder meiner Schwester (Jon 10, Ellen 7 und Matt 5 Jahre alt) gefragt, was ihrer Meinung nach jeder Mensch tun sollte, bevor er tot ist. Mit Begeisterung riefen alle drei: „Western angucken, wie die sich da prügeln!“ Wie du siehst, es gibt tausend Möglichkeiten, was alles Spaß macht. Leg deine eigene Liste an!

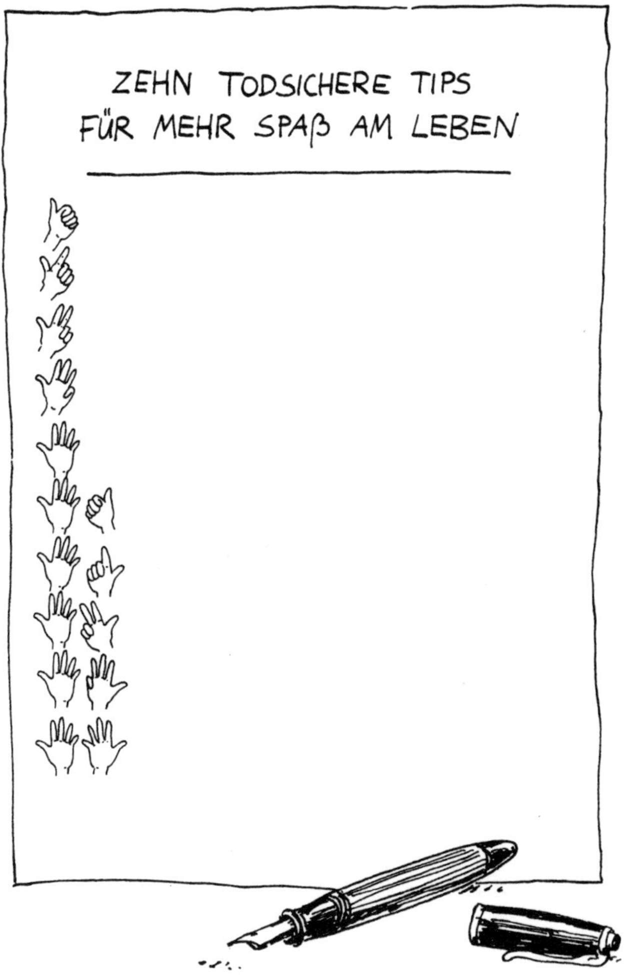
ZEHN TODSICHERE TIPS
FÜR MEHR SPAß AM LEBEN

Die zehn Tips dieses Buches

Erster Tip:

Freu dich mehr als alle anderen!

Sich mehr freuen als alle anderen ist das erste, was du tun solltest, solange du noch lebst. Freude – mein Lieblingswort mit ‚F'. Sich mehr freuen heißt: sich mehr anstrengen müssen, um nicht so feierlich ernst auszusehen. Aber dieser Extraaufwand lohnt sich ganz gewaltig. Nichts beruhigt und tröstet so gut, nichts macht eine müde Seele so munter wie ein Tag voller Spaß. Nichts heitert mehr auf, nichts beflügelt den Geist so sehr wie eine richtig schöne Zeit. Obwohl es doch unendlich viele Möglichkeiten gibt, sich zu freuen, brauchte ich immerhin zweiundvierzig Jahre, um wenigstens vier herauszufinden:

1. Entdecke fröhliche Menschen

Es gehört zu den schwersten Dingen im Leben, fröhliche Menschen zu finden. Unter den Erwachsenen gibt es viel zu wenige, und unter den Alten scheinen sie fast ausgestorben. Sich mehr zu freuen als alle anderen, das ist natürlich auch ganz gut möglich, wenn man allein ist. Aber meistens hat man erst richtig Spaß an der Freude zusammen mit anderen fröhlichen Menschen.

Bei der Suche nach fröhlichen Menschen gib auf ein paar Dinge acht: ob sie gut erzählen, ihre Zeit richtig einteilen, eine interessante Arbeit haben und – einen guten Appetit. Außerdem gehört dazu viel Sinn für Humor, gesunder Menschenverstand und ein frisch gewagtes Leben. Findest du für den Rest deines Lebens lustige Leute, dann hast du garantiert mehr Spaß als alle anderen. Schon aus diesem Grund ist es höchst empfehlenswert, sich vor seinem Tod auf die Suche zu machen, nicht erst hinterher.

2. Denk bei anderen Menschen nicht an dich selbst

Es gibt Leute, die leben und doch kein Bedürfnis haben, über anderes als sich selbst nachzudenken und zu reden. So etwas ist fast unheilbar. Wer mit anderen zusammen ist, dabei aber nur an sich denkt und über sich redet, langweilt und ermüdet und ist der größte Spaßverderber. Ein richtiger Spaßvogel plustert sich nicht auf. Was am schlimmsten ist: Wenn sich alle Gedanken und Worte nur um die eigene Person drehen, wird man unfähig, sich mehr als alle anderen zu freuen.

Eine gute Faustregel hierzu: Denk an dich, wenn du allein bist; wenn du mit anderen zusammen bist, dann denke an sie, interessiere dich für sie, für ihr Leben, für ihre Arbeit. So bekommst du nicht nur einen vorzüglichen Ruf, sondern entdeckst auch sehr bald die Menschen, in denen die Quelle der Freude am kräftigsten sprudelt. Was immer du also tust – vergiß dich selbst, wenn du bei anderen bist. Wer sich nicht daran hält, ist übrigens ziemlich ungehobelt.

3. Sei ein fröhlicher Mensch

Der sicherste Weg, sich mehr als alle anderen zu freuen, heißt: Sei ein fröhlicher Mensch! Wo keine Freude ist, steck anderen mit deiner eigenen an, und du wirst in der Regel Freu(n)de finden. Gelegentlich wirst du auch auf gerunzelte Augenbrauen und mißbilligende Blicke treffen – mach dir einfach nichts daraus! Auch so etwas ist fast unheilbar.

Wenn du ein fröhlicher Mensch sein willst, sind zwei Sachen ganz wichtig. Erstens: Mach dich selbst gewinnend! Das zweite hat mit dem richtigen Nützen der Zeit zu tun. Aus sich selbst und seinem Leben etwas Gewinnendes zu machen, ist für die Fröhlichkeit so wichtig, daß dieser Punkt in meiner Liste den siebten Platz be-

MEHR SPAß
AM LEBEN –
DAS GÜTESIEGEL
DER REIFE

kam. Deshalb gibt es darüber ein eigenes Kapitel.

Die richtige Zeitausnutzung ist etwas ganz anderes. Es geht darum, sorgfältig auf die Ereignisse zu achten, auf alles, was so am Tag passiert. Halte ständig Ausschau nach Vorkommnissen, in denen viel Spaß stecken könnte (zum Beispiel ein Dackelwettrennen, eine Weinköniginwahl und eine langweilige, so richtig stinklangweilige Veranstaltung). Es gibt keine Zeit, die so viel göttliche Kraft zur Freude in sich trägt wie der gegenwärtige Augenblick. Du bekommst ihn einmal und nie wieder. So schenke den ungewöhnlichen, verwirrenden, langweiligen, bewegenden, vergnüglichen Ereignissen des Tages ganz besondere Aufmerksamkeit. Sie sind Kraftwerke, in denen der Vorrat an Entlastung und Entspannung am größten ist. Ein fröhlicher Mensch ist immer gespannt auf den richtigen Augenblick, und selten versäumt er, ihn zu packen.

4. *Was so aussieht, daß es Spaß macht und nicht die Zehn Gebote verletzt, das tu einfach*

Schranken mögen ärgerlich erscheinen, versperrend, aber es hat sich für mich (ohne Ausnahme) herausgestellt, wie ungeheuer wichtig sie sind, um mehr Freude als alle anderen zu haben: Einschränkungen, Grenzen; wissen, wie weit man gehen darf; die Grenzlinie kennen, die wir nicht überschreiten dürfen, ohne Schaden anzurichten oder Schaden zu nehmen. Das Jagen nach unbegrenzten Möglichkeiten versetzt uns in einen Sog von so vielen Erlebnissen, die schneller ablaufen, als unser bewußtes Ich mitkommen könnte. Wenn wir uns nicht an Grenzen halten, werden wir langsam, aber sicher verrückt. Wir werden mehr und mehr zu Automaten, die nur noch reagieren. Wir verlieren die Unmittelbarkeit, die Frische, den Glanz, die Ausstrahlung, die für den klaren, reinen Blick des Auges unseres Geistes charakteristisch sind. Es dauert nicht lange, und das Trugbild, das die unbegrenzten Möglichkeiten vor Augen hielten, löst sich auf, und übrig bleibt eine verwirrend quälende Rastlosigkeit, die das Leben bestimmt. Aus dem Gleichgewicht geworfen, bringen wir durcheinander, was wichtig und was unwichtig ist, und kennen uns selbst, die anderen und Gott immer weniger. Wahrhaftig keine schöne Aussicht.

Schranken sind dazu da, daß wir unser Leben bei der endlosen Jagd nach Glück nicht zerstören. Ohne ein paar grundlegende Richtlinien, wie man leben und sich dabei freuen kann, wächst die Wahrscheinlichkeit, sich zu verirren, schweren Schaden zu nehmen oder zugrunde zu gehen. Für Nonnen und ähnliche Leute ist das Evangelium die Regel für das Leben. Außerdem haben wir die Zehn Gebote – wahrscheinlich die berühmtesten und verläßlichsten Lebensregeln, die wir kennen. Es gibt auch noch andere. Schon nach kurzem Nachdenken kam ich auf sieben weitere Gebote.

Niemand mag Vorschriften fürs Leben besonders gern, weil sie gewöhnlich einem richtig schönen Leben im Wege zu stehen scheinen. Trotzdem ist es ganz unwahrscheinlich, daß du ohne sie mehr Freude als alle anderen hast. Also: was so aussieht, daß es Spaß macht und die Zehn Gebote nicht verletzt, das tu einfach.

Zweiter Tip:

Gewinne Einsicht

Ohne Einsicht ist es fast unmöglich, mehr Spaß als alle anderen zu haben. Einsicht gewinnen bedeutet: sein allerbestes Ich finden und hingerissen sein von dieser Entdeckung. Der Ausgangspunkt ist das eigene Ich. Sei auf eine atemberaubende Erfahrung gefaßt. Wenn du siehst, wie du wirklich und wahrhaftig bist, verbleibt dir oft zu wenig oder auch zu viel Luft zum Atmen.

Nichts ist schlimmer als ein Mensch ohne Einsicht. Nichts erregt mehr Mitleid als ein Kaiser ohne Kleider. Ohne Einsicht sind wir in großer Gefahr, selbstgefällig und selbstzerstörerisch zu handeln, ja, wir sind dazu verurteilt, uns Gespenstern, irgendwelchen Zombies anzuschließen, aus

SIEBEN
WEITERE GEBOTE
ARBEITE HART.
ABER NICHT ZU VIEL.
LÜGE NICHT.
VERSUCHE, KEINEN ZU VERLETZEN.
SEI FREUNDLICH ZUM FEIND.
MAß MUß SEIN.
NUR NICHT IM ÜBERMAß.
STINKE NICHT MIT EINEM STINKTIER UM DIE WETTE.
ERKENNE DICH SELBST.

denen alles Leben völlig ausgesaugt ist. Das ist der Stoff, aus dem die Horrorfilme sind. Gott bewahre uns davor!

Einsicht ist das Tröstlichste bei der Selbsterkenntnis. In der Regel gewinnt man sie, wenn man die gewöhnlichen Lebensvorgänge durchmacht (sie weder übersieht noch ihnen ausweicht oder sich um sie herummogelt) und immer versucht, sein allerbestes Ich zu leben. Du findest dein bestes Ich und lebst es, wenn du Einsicht gewinnst. Wenn du selbst dein eigenes, bestes Ich nicht findest, dann werden andere Leute einen Haufen fremder ‚Ichs' für dich finden, und das hat katastrophale Folgen, oft sogar tödliche. Wer anfängt, ein besserer Mensch werden zu wollen, gelangt allmählich zu tieferer Einsicht und wendet sich dorthin, wo mehr Mitleid, Verständnis und Spaß warten. Einsicht rettet die Seele und hält sie am Leben. Darum ist Einsicht gewinnen wahrscheinlich das wichtigste, was du für den Rest des Lebens tun solltest. Merke: Nichts schlimmer als Leute ohne Einsicht. Alles, was sie tun – Gott findet es zum Erbrechen (vgl. Offb 3,16). Deshalb mach um Gottes willen und dir zuliebe keinen Unsinn! Suche dein allerbestes Ich und lebe es.

Der Anfang

Einsicht gewinnen ist eng verbunden mit der Suche nach deinem allerbesten Ich. Deshalb brauchst du höchstwahrscheinlich Einsamkeit in irgendeiner Form, um dich selbst denken zu hören. Etwas ruhige Zeit ist absolut notwendig, ist ein unbedingtes Muß – es sei denn, du willst von den sieben Todsünden fortgerissen oder lebendig gefressen werden oder weiß Gott was sonst. Keine schöne Vorstellung.

Wenn du dich fragst, über was du in der einsamen Zeit nachdenken sollst, dann fang doch mit so etwas wie deinem Leben an: Gefällt es dir so, wie es ist? Um Einsicht zu gewinnen, ist nichts besser geeignet als die alltäglichen Ereignisse und was wir aus ihnen machen. Beim Betrachten deiner gegenwärtigen Verfassung denk über zwei Fragen nach: Wie findest du dein allerbestes Ich? Ist es gesund und munter oder zeitweise krank und tot?

1. Wie findest du dein allerbestes Ich?

Über das Ich nachdenken, das du sein möchtest, ist ein sehr guter Anfang, um Einsicht zu gewinnen. Je konkreter du nachdenkst, umso größer wird die Möglichkeit zur Einsicht. ‚Ich möchte ein netter Mensch werden' ist zum Beispiel nicht so hilfreich wie: Ich möchte die Menschen weniger verurteilen, mit deren Handlungsweise ich nicht einverstanden bin. Bei jeder guten Eigenschaft, die du für dein allerbestes Ich möchtest, stell dir vor, wie sie konkret im Leben aussieht. Nenne ganz bestimmte Beispiele für jede Eigen-

MEIN ALLERBESTES ICH
1. SPAß
2.
3.
4.
5.
6.
7.
8.
9.
10.

schaft. Genau sein ist viel wahrhaftiger und interessanter als unkonkret bleiben.

Jetzt eine Liste anlegen ist eine gute Idee. Schreib dir alle guten Seiten auf, aus denen du dein bestes Ich schaffen möchtest – ungefähr nach Carl Sagans Wort: „Wir sind alle aus dem Stoff der Sterne." Wenn man bedenkt, daß jeder Mensch aus hunderttausend klitzekleinen einzigartigen Genen gebildet wird, dann ist eine Aufzählung solcher Sternseiten praktisch unendlich.

2. Ist dein allerbestes Ich gesund und munter oder zeitweise krank und tot?

Der nächste Schritt: Nimm die Liste „Mein allerbestes Ich", vergleiche sie mit deinem Leben und schau, wie nahe du deinem besten Ich kommst. Je mehr Situationen du für jeden Punkt auf deiner Liste findest, desto wahrscheinlicher gehört besagte Eigenschaft zu dir. Je weniger Situationen du für einen Punkt finden kannst, desto fraglicher ist, daß sich die Eigenschaft in dir findet.

Während du dir alle Bereiche deines Lebens ansiehst, achte besonders auf vier Gebiete: wichtige Menschen, wichtige Ereignisse, große Wendepunkte und die Folgen von Entscheidungen, die du bei wichtigen Ereignissen und großen Wendepunkten getroffen hast. Puh! So eine Generalüberholung deines Lebens macht einen Haufen Arbeit, wenn du mehr Spaß als alle anderen haben willst. Deshalb drücken sich auch viele Leute davor, weil gerade hier die Fehler versteckt sind und für immer bleiben.

Jetzt prüfe dich. Schau auf wichtige Menschen, Ereignisse und große Wendepunkte, ob du dort dein allerbestes Ich warst bzw. bist. Wenn deine Liste voller Eigenschaften ist, die schon im Leben verwirklicht sind, dann hast du wohl dein allerbestes Ich gefunden, und das scheint auch ganz gesund und munter zu sein. Wenn es in deiner Aufzählung nicht gerade viele Punkte gibt, die in deinem Leben vorhanden sind, dann weist das auf deinen gegenwärtigen Zustand hin: lebend, aber wahrscheinlich nicht besonders gesund; vielleicht zeitweise krank; vielleicht sogar als tot aufgegeben. Ein schrecklicher Gedanke!

Ein anderer wichtiger Ort zur Einsicht liegt in der wilden, wunderlichen Welt der Wahrheit oder der Konsequenzen. Wahrheit ist das, was dich ganz unglücklich macht, bevor es dich dann befreit. Konsequenzen sind die göttlich-genialen, voll ausgereiften und offensichtlichen Folgen unserer Entscheidungen. Beide geben den klarsten Hinweis, wie gut wir uns selbst und unsere wertvollen, tieferliegenden Beweggründe kennen. „Wenn das Herz unseres ganzen Wesens auf Gott gerichtet ist, dann werden unsere schöpferischen Stimmungen und Gefühle, Handlungen und Entscheidungen uns Frieden, Freude und Ruhe bringen, während die zerstörerischen Seiten in uns und um uns herum Unruhe, Traurigkeit und innere Aufruhr bewirken. Wenn das Herz unseres ganzen Wesens von Gott abgewandt ist, dann werden unsere zerstörerischen Stimmungen und Gefühle, Handlungen und Entscheidungen uns beruhigen und trösten, während die schöpferischen Seiten in uns und um uns herum Unruhe bewirken und uns mit Gewissensbissen durcheinanderbringen." (Gerard W. Hughes, God of Surprise, Mahway, N. J. 1986, 93.) Die Folgen sagen alles.

Jetzt schau lang und gründlich auf deine größten Lebensentscheidungen: Was für Auswirkungen hatten sie? Entscheidungen, die Höhen und Tiefen des Lebens überdauern, kommen gewöhnlich vom allerbesten Ich, während die unruhestiftenden und kurzlebigen in der Regel von einem Ich stammen, das nicht gerade das allerbeste ist. Schließlich und endlich bringen dich beide zur Einsicht. Aber wenn du deinem allerbesten Ich erlaubst, alle Entscheidungen zu treffen, hat das den Vorteil einer schnelleren Selbsterkenntnis, die Einsicht mit sich bringt, aber grobe Dummheit und verspätetes Pubertätsgehabe verhindert.

WER SICH SELBST KENNT,
WEIß MEHR, ALS WER
SEINEN HERRN KENNT;
UND WER SICH
SELBST SCHLEIERHAFT IST,
IST MEHR VERSCHLEIERT,
ALS WER SEINEM HERRN
SCHLEIERHAFT IST.
AL-ALAWIU,
EIN SUFI-MEISTER
NA ALSO!
KAROL JACKOWSKI

Dritter Tip:

Geh in die Tiefe

Hast du mehr Spaß als alle anderen und an Einsicht gewonnen, wird es nicht lange dauern, bis du auch in die Tiefe gehst. In die Tiefe gehen ist ein anderer wichtiger Punkt, den du vor dem Sterben tun solltest – besonders wenn du eine Nonne bist. Tiefe ist ein großes Ziel für Nonnen, denn das Leben, so wie wir es kennen, macht ohne Tiefe keinen Sinn. Durch verschiedene Einschränkungen (die drei ‚Renner' Armut, Ehelosigkeit und Gehorsam) wird die Lebenserfahrung (d.h. die Gotteserfahrung) vertieft, die den Menschen abhält, oberflächlich zu werden – er besteht sonst nur noch aus Fleisch und Blut, aber nichts wohnt in ihm. Das ist der Glaube der Nonnen.

Mit Einsicht findest du dein allerbestes Ich. Mit Tiefe findest du deinen allerbesten Gott.

Schließlich kommt die Weisheit zu dir, umarmt dich und zeigt so, daß ihr beide im Grunde ein und dasselbe seid. Gott wohnt in deinem allerbesten Ich – das macht uns so göttlich. Jede Religion, von der einfachsten bis zur modernsten, gründet in dem Glauben: Es ist unbedingt nötig, mit einem Gott in Kontakt zu kommen.

Wer in die Tiefe gehen will, muß logischerweise graben. Geh hinter dem Schein den Dingen auf den Grund und sieh, was für versteckte Motive so mitmischen. Diese kleinen Schlauberger – die tieferen Beweggründe – verstecken sich unter der Oberfläche und betteln, niemals das Tageslicht zu sehen.

Denn das Reich Gottes ist wie ein vergrabener Schatz (Mt 13,44). Es gibt einfach keine Tiefe, keinen Schatz, keinen Gott, ohne zu graben. Du kannst keine klare Sicht haben, ohne hinter das Offensichtliche zu sehen. Das Graben macht die Tiefe aus; graben, bis du einen verborgenen Schatz findest – vielleicht sogar den heiligen Gral. Graben und schlappmachen, graben und auf klares Wasser stoßen. Oder auch graben und Schlamm schaufeln. Graben, sich in die Tiefe graben – koste, was es wolle – bringt dich näher an die drei „Allerbesten": das allerbeste Ich, den allerbesten Gott und die je allerbeste schöpferische Arbeit.

In den biblischen Geschichten treibt Gott sich immer dort herum, wo Unterdrückung, Tod, Schuld, Leid, Sünde oder Ärger unter der Sonne sind. Im Buch Ijob spricht Gott aus dem Sturm, als Stimme im Wirbelwind. Der Gott des Mose ist ein „verzehrendes Feuer“. Du siehst: Ist das Leben extrem, dann wird Gott es auch – manchmal extrem nahe, manchmal extrem fern, manchmal extrem still, manchmal unglaubliche Kraft gebend. Manchmal nichts, einfach nichts.

Nichtsdestoweniger läuft es darauf hinaus, daß der allerbeste Gott wahrscheinlich in den nicht gewußten, nicht gesehenen, nicht getanen Seiten des Lebens zu finden ist. Dort, wo es schmerzt, wirst du nicht nur krank und müde, sondern genau dort ist der Ort zum Graben – der Ort, an dem du auf deine Grenzen stößt. Es ist traurig, aber wahr: Die verwirrenden, schmerzvollen und überwältigenden Seiten des Lebens erweisen sich als ausgezeichnete Startplätze, um herauszufinden, was Gott tun wird und was er nicht tun wird. Grabe dort, wo das Leben regungslos still steht.

Doch tröste dich: Wenn du mit den wunden Punkten (dem Schlamassel) eine Weile umgegangen bist, gewinnt alles höchsten Wert. Das ist seltsam, aber wahr. Seltsam, weil es keinen Sinn ergibt; wahr, denn je tiefer du gehst, desto näher kommst du deinem allerbesten Ich, deinem allerbesten Gott und überhaupt jedem Allerbesten im Leben. Die Tiefen des Leidens und der Freude völlig verstehen, ohne durch diese Erfahrung erdrückt oder verrückt zu werden – das ist der Trick.

Wissen, wo man Gott suchen soll, ist das eine,

ZWEI LISTEN ZUM ABHAKEN

SIEBEN SACHEN, DIE EIN ALLERBESTER GOTT **NICHT** TUN WIRD:

- ☐ SCHMERZ WEGNEHMEN.
- ☐ TÖTEN ODER SCHLAGEN.
- ☐ AUFGEBEN.
- ☐ DICH LANGWEILEN ODER DEINE ZEIT VERSCHWENDEN.
- ☐ LÜGEN.
- ☐ DICH ALLEIN LASSEN.
- ☐ ALLES, WAS DU WILLST.

SIEBEN SACHEN, DIE EIN ALLERBESTER GOTT **TUN** WIRD:

- ☐ DICH WARTEN LASSEN.
- ☐ ÄNGSTE ABBAUEN.
- ☐ ZEIGEN, WAS ALS NÄCHSTES ZU TUN IST (AUCH WENN ES NICHTS IST).
- ☐ DICH AUFLOCKERN ODER ZUM LACHEN BRINGEN.
- ☐ HELFEN, DAß ES IRGENDWIE GEHT.
- ☐ DEIN LEBEN INTERESSANT MACHEN.
- ☐ DICH BEFREIEN.

aber einen allerbesten Gott erkennen, wenn du einen siehst, ist etwas ganz anderes und vielleicht noch trickreicher. Hier sind zwei weitere Aufzählungen, die helfen können, Gott zu erkennen. Wenn dein Gott die Dinge auf der Liste tut bzw. nicht tut, dann hast du wohl deinen allerbesten Gott gefunden. Wenn nicht, dann grab weiter!

Ein Wort über Ungläubige

Gläubige, eifrige Gläubige urteilen gerne in geradezu sündhafter Weise, wenn es um Ungläubige geht. Die meisten Ungläubigen finden das menschliche Leben selbst göttlich – das reicht aus. Oder sie denken, daß das Leben nicht göttlich ist – so ist es halt. Sie sagen: „Das ist alles, was es gibt. Warum sich groß aufregen?"

Die meisten Ungläubigen haben niemals gesehen, was ein wirklich guter Gott tun kann, und können kaum glauben, daß es so einen Gott gibt. Götter, die den Menschen befehlen, Bunker zu bauen, statt Brot zu brechen, sowie alle anderen Götter, die sich irgendjemand nach eigenem Bild und Gleichnis zurechtgemacht hat, garantieren nichts als tiefsten Unglauben. Ungläubige haben nicht das geringste Bedürfnis nach einem der Götter, die sie kennen. Schon der bloße Gedanke daran ist unterdrückend.

Bevor sich dogmatische Systeme breitmachten, bedeutete an Gott glauben: vertrauen und das eigene Gewissen, die innerste Tiefe seiner selbst als göttlich erfahren. Man glaubte, das ganze Leben sei vom Heiligen getragen und erfüllt. Das waren die guten alten Zeiten. Mit dem Universum als Haus Gottes können die Ungläubigen so viele Wege zur Wahrheit finden, wie der Tag Augenblicke hat. Ungläubige glauben fest, daß man keine absoluten Forderungen als gute, bessere oder beste Wegweiser zur Wahrheit aufstellen sollte. Solche Aufstellungen passen einfach nicht für göttliche Angelegenheiten.

Ungläubige neigen dazu, ganz genau zu wissen, wer der allerbeste Gott nicht ist, und Gläubige neigen dazu, ganz genau zu wissen, wer der allerbeste Gott ist. In Wahrheit sind beide nicht weit voneinander entfernt. Sie stehen Rücken an Rücken, das gibt ein schönes Gleichgewicht.

Vierter Tip:

Such dir eine Zuflucht

Nachdem du aus den Tiefen auftauchst, möchtest du sicher gern ein schönes, heißes Blubberbad nehmen oder einen anderen Weg finden, um den Alltag hinter dir zu lassen – oder beides. Dem Alltag entfliehen ist der einzige Weg, den Blick für das Wirkliche nicht zu verlieren. Das ist etwas vom Besten, was ich für den Rest meines Lebens zu tun gelernt habe.

Wirklich: Ich habe das Zufluchtsuchen so schnell gelernt, als wäre es mir angeboren. Ohne Zufluchtsorte in mir und außerhalb von mir gäbe es für mich bestimmt nur: todlangweilig, todkrank oder völlig mausetot sein. Grenzen erfahren, an ihre Ecken und Kanten gestoßen werden – das reicht schon, um das Bedürfnis nach Zuflucht zu wecken. Je weiter wir unsere Grenzen ziehen, desto mehr brauchen wir Zuflucht – wir sind ja nicht Gott. Zu viel Unbegrenztheit ist einfach zu viel: eine unerträgliche Last. Genug ist genug. Niemand weiß besser als du selbst, wenn du deine Grenze erreicht oder überschritten hast. Wenn also endgültig genug ist, dann such dir einen Zufluchtsort, und komm nicht eher wieder, als du mußt.

Große äußere Zufluchten

1. Wasser

Seen. Bäder. Ozeane. Heiße Badewannen. Duschen. Nichts beruhigt und erquickt, nichts reinigt und erfrischt den schwachen Körper, die müde Seele so sehr wie klares kaltes oder heißes Wasser. „Wie der Hirsch lechzt nach frischem Wasser, so lechzt meine Seele, Gott, nach dir" (Ps 42,1). „Der Herr ist mein Hirte, nichts wird mir fehlen. Er… führt mich zum Ruheplatz am Wasser" (Ps 23,1 f). Wasser. Am Anfang war nichts anderes da: „Die Erde war wüst und wirr, Finsternis lag über der Urflut, und Gottes Geist schwebte über dem Wasser" (Gen 1,1). Nichts wird geschaffen und nichts bleibt am Leben ohne Wasser. Jesus findet Wasser voller Ähnlichkeit mit Gott: „Wer aber das Wasser trinkt, das ich ihm geben werde, wird niemals mehr Durst haben; vielmehr wird das Wasser, das ich ihm gebe, in ihm zur

WARUM DEM ALLTAG ENTFLIEHEN

(Jane Wagner)

Der Alltag ist hauptverantwortlich
für Streß bei denen,
die damit zu tun haben.
In geringen Mengen kann ich Streß
vertragen. Wenn er
aber anfängt, mein Leben zu bestimmen,
treibt er mich in die Enge.
Er ist nämlich sehr fordernd.
Er erwartet von mir, daß ich die
ganze Zeit für ihn da bin,
und bei allem, was ich zu tun habe,
bleibt immer etwas liegen.

Seitdem ich
den Alltag auf Sparflamme gesetzt habe,
gibt es wieder Stunden voller Spaß
und
Schokoladenseiten.

sprudelnden Quelle werden, deren Wasser ewiges Leben schenkt“ (Joh 4,14).

Göttliches, gottähnliches Wasser. Heiliges Wasser, voll von Ähnlichkeit mit Gott. Nichts tut einer ausgetrockneten, leblosen Seele wohler als Wasser: unermeßlich, für jeden da, durchaus zuverlässig, erfrischend. Schwimmen, angeln, baden, sich von den Wellen tragen lassen, durchs Wasser waten oder einfach nur am Ufer sitzen und ausruhen – alles sieht nach sakramentalen, wundersamen Wegen aus, um dem Alltag zu entfliehen. Denn weil das Wasser voller Ähnlichkeit mit Gott ist, birgt es wahrscheinlich so viele Möglichkeiten für eine göttliche Zuflucht.

2. Körperliches Training

Wenn ich nun zum Training komme, weiß ich eigentlich nicht, wovon ich rede. Ich bin überzeugt, daß man nicht rennen sollte, wenn man nicht gejagt wird. Und ich kaufe auch nie Schuhe, bei denen ich mich zum Zubinden bücken muß. Deshalb ist mir körperliches Training noch nie ein großer Zufluchtsort gewesen. Wenn ich so etwas höre wie „Ohne Schweiß kein Preis“, wird mir schon ganz schwach. Was mich betrifft: Das Leben ist schon mühselig genug. Warum soll man sich noch mehr aufladen und anderen womöglich auch? Wie dem auch sei – für den Rest der Welt ist das Trainieren des Körpers eine der besten Möglichkeiten, Streß abzubauen und dem Alltag zu entfliehen. Ärzte und Gesundheitsexperten behaupten ja inzwischen überall, daß man ohne körperliches Training längst nicht so lange lebt. Die Unaufgeklärten lassen es lieber darauf ankommen. Als ich mir ganz verschiedene Freunde suchte, habe ich sowohl Körper als auch Seelen gesehen, die so richtig frisch waren durch Aerobic, Fußball, Tennis, Radfahren, Joggen, blaue Flecken, Knochenbrüche ... Das alles fällt in die Kategorie der Dinge, die mein Verständnis übersteigen. Trotzdem halten viele Menschen, die wirklich in Ordnung sind, körperliches Training für einen erprobten und richtigen Weg, dem Alltag zu entlaufen und Erholung für Körper und Geist zu finden. Ich bin weiterhin nicht überzeugt und übergewichtig.

3. Reisen

Was liegt näher für eine Flucht aus dem Alltag, als den Ort zu verlassen, an dem du bist, und auf Reisen zu gehen? Verreise in die Nähe oder in die Ferne! Lieblingsorte – zum Beispiel Stammplätze der Familie – sind eine sichere, zuverlässige Zuflucht. Neue Orte, an denen du nie zuvor gewesen bist, bieten eine Zuflucht, die eher wieder belebt, anregt und aufmuntert. Ob so oder so, beides kommt am Ende aufs gleiche heraus: göttliche Erholung und Pause.

Der Abstand ist das beste am Reisen. Um von allem wegzukommen, braucht man manchmal

Tausende von Kilometern, während ein andermal paar Schritte ausreichen. Es kommt darauf an, so viel Entfernung wie nötig zu haben. Das Alte Testament mit seiner Weisheit lehrt, daß Reisen und Abstand zur eigenen Bewandertheit beitragen. Für den vielgereisten Menschen, der auf Gott hofft, ist der Abstand „ein großes Dach und eine starke Stütze, eine Zuflucht vor der Hitze, ein Schatten vor der heißen Mittagssonne, eine Hilfe gegen das Stolpern, eine Hilfe, um nicht zu fallen. Er belebt die Geister, zaubert in die Augen ein Zwinkern, schenkt Heilung, Leben, Segen" (vgl. Sir 34,9-7). Wenn der Alltag ständig das Leben in dir erstickt, dann gibt es keine bessere Zuflucht mit mehr Spaß als der gesegnete Abstand, den das Reisen mit sich bringt.

Große innere Zufluchten

1. Phantasie

Phantasie ist der angeborene Ort eines jeden, um dem Alltag zu entfliehen. William Blake glaubte, daß die Phantasie der „göttliche Leib in jedem" sei. Hingebungsvolles Lesen ist ein sicherer Weg, die eigene Phantasie zu bilden und ihr Nahrung zu geben. Ein gutes Buch aufstöbern und in der Welt eines anderen für eine Weile herumschweifen – dafür gibt es keinen Ersatz. Weil die meisten guten Geschichten von unserem inneren Leben

DIE ERDE
IST MIT HIMMEL VOLLGESTOPFT,
UND JEDER GEWÖHNLICHE BUSCH
BRENNT MIT GOTT.
DOCH NUR WER SIEHT, ZIEHT
SEINE SCHUHE AUS.
DER REST SITZT HERUM
UND PFLÜCKT BROMBEEREN.
(E.B. BROWNING)

erzählen, ist das Lesen eine seltene und schöne Form der Selbsterkenntnis, wie es sie nicht oft gibt – außerdem bietet es große Zuflucht. Stärkere Hingabe an das Lesen führt oft zum besten Freund der Phantasie: dem Schreiben (oder einer anderen schöpferischen Tätigkeit). Das Schreiben ist so wichtig für das Leben meiner Phantasie, daß es schließlich als fünfter Tip auf meiner Liste landete – dazu war einfach ein eigenes Kapitel fällig. Die Phantasie ist uns immer näher als wir uns selbst. Dies macht sie zu einer Zuflucht, die wir überall und jederzeit in Anspruch nehmen können – selbst in den langweiligsten und unerträglichsten Situationen. Die naheliegendste, die schönste, die göttlichste und schließlich die billigste Zuflucht von allen ist die Phantasie – und je mehr davon, desto besser.

2. Schlafen

Der Schlaf gehört zu meinen Lieblingszufluchten. Er ist wahrscheinlich das größte und beste Heilmittel, das ich kenne. Das Schlafen bringt Träume – die führen uns an göttliche, geheimnisvolle Orte, wo Erholung wartet. Erholung – eine meiner Lieblingstätigkeiten. Wenn Ängste, Sorgen und alle Formen von Unruhe auftauchen, gibt es keine größere Zuflucht als den Schlaf. In meinem Lieblingsgedicht von Charles Peguy rät Gott:

Und ich sage euch: Überlaßt nur dem morgigen Tage
Jene Sorgen und Leiden, die euch heute zernagen
Und die euch heute verzehren könnten.
Überlaßt dem Morgen das Schluchzen, das euch erstickt,
Wenn ihr das heutige Unglück gewahrt.
Dieses Schluchzen, das in euch aufsteigt und das euch würgt.
Überlaßt nur dem Morgen die Tränen, die Kopf und Augen euch erfüllen.
Die euch überschwemmen. Euch niederfallen.
Die euch rinnen, die Tränen.
Denn zwischen heute und morgen bin ich, Gott, vielleicht an euch vorübergegangen.
Die menschliche Weisheit sagt: Unselig, wer dem Morgen überläßt.
Ich aber sage euch: Selig, selig, wer dem Morgen überläßt.
Selig, wer überläßt. Das will heißen: Selig, wer hofft. Und wer schläft.

(Charles Peguy, Im Schweigen des Lichtes. Freiburg 1982, 98f.)

Wenn die katholische Kirche ihre Sakramente erweitern könnte, würde ich das Schlafen als Nummer acht empfehlen – es bietet ja alles, was nötig ist zum Aufstehen und Neuanfangen.

JEDEN AUGENBLICK VON GOTT GEPRÜFT –

SAGT HIOB (7,18 f.)

3. Sich zurückziehen

Der Ausdruck „sich zurückziehen“ hat eine geheiligtere Tradition als „den Alltag fliehen“. Die alte chinesische Philosophie des I Ging sagt, dies sei der richtige Weg, um seine eigenen Kräfte nicht aufzureiben (I Ging, Köln 1984, 131). Macht das Leben dich verrückt? Bleib ruhig! Zieh dich für ein Weilchen zurück. Hülle dich in Schweigen, flieh den Alltag mit dem Herzen. Kehr bei dir ein. Meditation, Kontemplation. Ausruhen.

Als Quelle großer innerer Kraft gibt die Einkehr dir Zeit, Atem zu holen und deine Spucke runterzuschlucken. Die Einkehr bewahrt dich davor, dein allerbestes Ich zu gefährden, deine stärksten Überzeugungen zu brechen. Die größte aller Zufluchten erhebt dich, geleitet dich und führt dich funkelnagelneu ins Leben zurück. Eine gute Einkehr tut dies jedesmal.

Ein Leben als Nonne ist mit Abstand die größte aller Zufluchten für Frauen. Aber nicht lange, dann stellt sich nämlich heraus, daß es – abgesehen von größeren Verbrechen – nicht viel außerhalb des Klosters gibt, was man nicht auch innerhalb finden könnte. Hier ist es bloß besser geregelt und viel subtiler. Dies soll vor allem zeigen: Mach dir keine Sorgen, ob eine Zuflucht nun gut oder nicht so gut ist. Vor dir selbst gibt es keine Zuflucht – das ist das Allerwichtigste.

Feststellen, wie gut eine bestimmte Zuflucht

ist, das ist nur eine Frage der Zeit. Der Trick besteht darin, auf die Folgen zu schauen. Bist du hinterher besser oder schlechter? Vertrauender oder unsicherer? Ruhiger oder aufgeregter? Verständnisvoller oder verurteilender? Kränker oder gesünder? Lustiger oder langweiliger? Die Folgen lügen niemals.

Fünfter Tip:

Schreib etwas am Ende des Tages

Auf der Liste der Dinge, die man für den Rest des Lebens tun sollte, würde wohl für die meisten Leute das Schreiben am Ende des Tages eine riesengroße Zeitverschwendung sein. Die meisten hassen das Schreiben und sind am Ende des Tages so müde, daß alles, was sie möchten, ein warmes Bad ist, ein kühles Bier, in Ruhe gelassen werden, tot umfallen – oder alles zusammen. Warum also schreiben? Warum am Ende eines Tages? Warum am Ende eines jeden Tages? Und worüber soll man schon groß schreiben?

Warum am Ende des Tages schreiben?

Um diesen speziellen Tip zu verstehen, mußt du wissen, daß zum Schönsten im Ordensleben das gehörte – und für manche Ordensleute noch gehört –, was das große Stillschweigen genannt wird. Schon das Wort hat eine besondere Anziehungskraft.

Nach klösterlicher Tradition war das große Stillschweigen die Zeit nach der Erholung am Abend (ungefähr ab halb acht) bis nach der Meditation am nächsten Morgen (ungefähr bis halb acht). Im Unterschied zu der immer und überall geltenden Regel der Stille wurde auf „das große Stillschweigen" ganz besonders Wert gelegt, es mußte „beobachtet" werden.

Für mich war der Schutz des Rechtes auf Alleinsein, Ruhe und Frieden eine der schönsten Dinge im Ordensleben. Mir gefiel der klösterliche Gedanke, Frauen möglichst nicht mit unnötigen und unerwünschten Ablenkungen zu behelligen. Wie das Buch der Ordensregel klug bemerkte, ist „die Fähigkeit, sich zu unterhalten, nicht immer ein Geschenk, besonders nicht für Frauen, die sich täglich in der gleichen Gruppe treffen". Auch sagte das Regelbuch, daß solche, die in der Gegenwart Gottes leben, „niemanden unnötig stören und Liebe zur Stille zeigen sollten durch die geräuschlose Art, sich zu bewegen und zu handeln". Wenn Sprechen nötig war, sollten Nonnen dies „kurz und in gedämpftem Tonfall" tun.

Zusätzlich zu einer ganz normalen Regel, nicht zu reden, bedeutete das klösterliche Stillschweigen auch, andere ganz allgemein nicht zu stören, indem man in irgendeiner Weise auf sich aufmerksam machte (z.B. durch lautes Niesen, besonders lautes Lachen, Handzeichen und Augenzwinkern). Nonnen sollten sich „mit angemessener Würde benehmen und beim Reden und Tun allen Leichtsinn vermeiden und alles, was Aufmerksamkeit erregen könnte". In der Tat, bei manchen machte gerade das ungefähr ihr ganzes Leben aus. Bei manchen erforderte Stillwerden einige ganz tiefgreifende persönliche Veränderungen. Du weißt gar nicht, wieviel Krach dein Leben eigentlich macht, bis einmal völlige Stille eintritt – oder bis eine Schwester dich beiseite nimmt und es dir sagt.

Weil das Recht auf Stille von jeder geachtet wurde, führte das am Tag zu einer günstigen Atmosphäre, um sich zu sammeln und seine Arbeit zu tun. In der Nacht sorgte dieses Recht für endlose Stunden, in denen nichts zu hören war außer dem eigenen Denken. Irgendetwas in mir glaubt immer noch, daß die Regel des Stillschweigens erfunden wurde, damit Mönche und Nonnen nicht am Ende des Tages anfangen zu klagen, wenn viele müde und manche müde und krank waren.

Während viele Nonnen am Ende des Tages wirklich so müde waren, daß sie kaum noch sprechen konnten, waren andere so aufgedreht, daß sie kaum schlafen konnten. Eingehüllt in das große Stillschweigen, das warf dich entweder um und ließ dich friedlich ruhen, oder es hielt dich wach, weil du nichts anderes hören konntest als dein eigenes Denken. Damals brachte es mich fast um, nicht reden zu dürfen. Damals begann ich auch mit dem Schreiben, wenn der Tag zuende ging. Im Babyalter meines Nonnenlebens bewahrte es mich davor, zu explodieren und verrückt zu werden – und so ist es auch heute noch. So verdient das Schreiben einen beachtlichen Platz auf meiner Liste der zehn todsicheren Tips.

Worüber schreiben

Worüber schreiben ist überhaupt kein Problem – du mußt dich nur selbst denken hören. Das ist der Trick. Und nichts begünstigt dies so sehr wie die Stille. Versuch es! Wenn der Tag schon fast vorbei ist (ein oder zwei Stunden vor dem Schlafengehen), dann zieh dich irgendwohin ganz still zurück und schau dir den Tag noch einmal wie einen Film in deinem Kopf an. Jetzt lege Listen an, zwei Listen. Während du den Film mit deinem geistigen Auge ansiehst, mach eine Liste von den schönsten Dingen des Tages und von den schlimmsten. Erinnere dich, was du aus beiden gemacht hast, und so verarbeite es.

Wenn es so weit ist, aufzuschreiben, was du an den schönsten Dingen am meisten liebtest und was du an den schlimmsten Dingen am wenigsten leiden konntest, dann zögere nicht, dein blutendes kleines Herz auszuschütten. Bezieh auch andere seltsame und interessante Seiten des Tages

JEDES WORT
AUS EINER INNEREN NOTWENDIGKEIT
GEBOREN –

SCHREIBEN DARF NIE ETWAS
ANDERES SEIN.

(ETTY HILLESUM)

mit ein, die der Erinnerung wert sind. Alles in allem ist das eine gute, solide Arbeit zur Nacht. Mindestens eine Stunde ist ein gutes Lebensziel, eine halbe Stunde oder weniger in Situationen, in denen das große Stillschweigen eigentlich unmöglich ist.

Warum jeden Tag?

Mit der Ordensregel des Stillschweigens eng verbunden ist der monatliche und jährliche Brauch einer Einkehr. Ein Tag im Monat und eine längere Zeit im Jahr dienen der Einkehr. Das Jahr über werden auch noch Zeiten feierlicher Stille gehalten – am liebsten ist mir Silvester.

Was ist der Unterschied zwischen Einkehrtagen und den normalen Tagen einer Nonne? Das war eine meiner ersten Fragen als Novizin. Es zeigte sich, daß die Einkehrtage praktisch arbeitsfreie Tage waren – das heißt: der ganze Tag, abgesehen von einigen gemeinsamen Gebeten und Mahlzeiten, stand völlig zur eigenen Verfügung. Freie, freie, freie Tage. Massenhaft Zeit, nicht eingeteilt. Silvester war der an letzter Stelle stehende Tag feierlicher Stille für alle – deshalb steht er an erster Stelle der Aufzählung meiner Lieblings-Einkehrtage. Feierliche Einkehr an Silvester war ja auch wirklich etwas ganz Eigenartiges und Unerhörtes; so gewann er erheblich an Bedeutung.

Das allerbeste an den Einkehrtagen war die freie Zeit. Ein Haufen Freizeit. Stunden um Stunden, um für sich die Listen mit den schönsten und schlimmsten Dingen zu lesen und um eine neue Liste anzulegen: „Das Schönste und Schlimmste des Monats“. Schließlich, an Silvester, kam die Liste dran: „Das Schönste und Schlimmste des Jahres“. Was für eine Gala an Aufzählungen! Diese Doppelliste bietet schrecklich viel an Einsicht und Unterhaltung. Es gibt nur weniges, was noch verblüffender ist und mehr Spaß macht, als sich selbst und andere in einer solchen Perspektive zu sehen.

Je ehrlicher du beim täglichen Schreiben bist, sagte mir eine Schwester, desto mehr Einsicht und Freude bringen natürlich die Rückblicke mit sich. Deshalb mußt du dich zusammenreißen und wirklich jeden Abend schreiben! Außerdem kannst du nur durch das Schreiben am Ende eines jeden Tages die Gewohnheit annehmen, genau dies regelmäßig zu tun. Und ob nun Nonne oder nicht – es ist eine Gewohnheit, die sich bei jedem für den Rest seines Lebens lohnt.

Sechster Tip:

Denk mal an, Nonne zu sein

Man macht sich über das Leben einer Nonne, nachdem man ins Kloster eingetreten ist, viel mehr Gedanken als vorher. Dann hast du nämlich wirklich etwas zum Nachdenken. Auch wenn Männer keine Nonnen sein können, ist das keine Entschuldigung für den männlichen Leser, für den Rest des Lebens darüber nicht nachzudenken. Die drei guten Gründe für ein Leben als Nonne sind eigentlich unabhängig vom Geschlecht. Gib dir deshalb Mühe, die weiblichen Seiten deiner Seele zu entfalten und zu stärken – egal, ob du männlich oder weiblich bist.

Alles, was ich mit achtzehn Jahren über das Leben einer Nonne wußte, war: Dies nicht und das nicht, dennoch traf's mich, eine zu werden. Mir fielen auch einige Nonnen in der Höheren

Schule auf, die ziemlich flott waren, ziemlich viel herumgekommen waren und die ziemlich gut arbeiteten (und bis spät in die Nacht), und was am wichtigsten war: sie sahen aus, als hätten sie eine Menge Spaß.

Davon abgesehen war das Ordensleben ein einziges großes Rätsel, ein schleierhaftes, wohlgehütetes Geheimnis. Selbst als ich dann im Kloster war, wurde es nur nach und nach gelüftet. Eine gute Sache! Wäre alles auf einmal durchsichtig geworden, dann wäre das viel zu viel gewesen – wahrscheinlich wäre auch niemand ins Kloster gegangen. Wir würden wohl sowieso nichts unternehmen, wenn wir schon im voraus wüßten, was wir alles durchmachen müssen. Die meisten Leute geben nach kurzer Zeit einfach auf und begnügen sich mit weniger. Pack an, was du kannst und solange du kannst, denn nichts ist von Dauer.

Natürlich glaubte ich vieles nicht. Und auch Nonnen glauben eine ganze Menge nicht, woran der Rest der Welt glaubt. Diese sonderbare Seite des Ordenslebens, diese geheimnisvolle andere Welt übte auf mich die größte Faszination aus – Gemeinschaften voller seltsamer, unscheinbar aussehender Frauen, die am Rand der Gesellschaft zusammenleben, Frauen, die ungewöhnlich Interessantes unternehmen und dabei ganz den Eindruck machen, etwas Tiefes, Dunkles, Verborgenes am Leben entdeckt zu haben, was unheimlich viel mit Gott zu tun hat, mit einem Gott, mit dem zusammenzusein anscheinend richtig Spaß macht. Im Jahr 1964 sah es so aus, als wäre dies genau das Richtige für mich, deshalb schloß ich mich jenen Schwestern (vom Heiligen Kreuz) an – bis heute.

Die Leute denken, die interessanteste Frage, die man einer Nonne stellen könne, wäre: „Warum sind Sie ins Kloster gegangen?“ Falsch, ganz falsch. Frag sie, warum sie bleibt. Diese Frage ist viel schwieriger und weitaus interessanter. Wenn du versprichst, etwas für immer zu tun und den einzigen Grund dafür aus den Augen verlierst, dann bist du in großer Gefahr, den springenden Punkt bei der ganzen Geschichte zu verlieren. Dann siehst du zwar wie eine Nonne aus und fühlst dich auch wie eine Nonne, verhältst dich aber nach einem alten Lebensstil, wie es dir gerade paßt – eine tödliche Krankheit auf jedem Lebensweg, und es ist gar nicht schwer, sich von ihr anstecken zu lassen. Es war einmal eine ganz liebe alte Schwester, die gestand ihren pausbäckigen Mitschwestern im Gedanken an sich und das Ablegen alter Gewohnheiten: „Ja, ja, das Schwesternkleid verdeckt eine Menge Sünden.“ Das habe ich nie vergessen.

Alle guten Gründe, die ich kenne, Nonne zu bleiben, haben mit drei wichtigen Dingen zu tun, an die Nonnen glauben und an die der Rest der Welt meistens nicht glaubt. Auch wenn du überhaupt keine Aussichten hast, Nonne zu werden, lohnt es sich trotzdem, darüber nachzudenken, denn oftmals verursacht etwas, was du nicht weißt, dir Schmerzen, und anderen, die dir nahestehen, ebenso.

Drei gute Gründe, eine Nonne zu sein

1. Alle Nonnen werden gleich behandelt

Wer am meisten hat, wenn er stirbt, der hat gewonnen – das glauben Nonnen nicht. Nonnen kümmern sich auch nicht um das Bequemste, Glänzendste, Sportlichste, Eleganteste, um das meiste Geld, überhaupt nicht um das Größte, Schönste, Beste von irgendwas. Ausgenommen das allerbeste Ich, der allerbeste Gott und die allerbeste Arbeit, sonst ist für Nonnen alles Allerbeste kaum mehr als besser, und das Gelübde der Armut sorgt dafür, daß dies immer und ewig so bleiben soll. Nonnen leben frei und gleichberechtigt – eine besonders feine Sache, vor allem für Frauen, die einen Haufen Zeit und Energie verplempern müssen, um den anderen in nichts nachzustehen.

Die Gleichbehandlung aller Nonnen hängt vor allem mit der Überzeugung zusammen: Was uns eint, ist unendlich wichtiger, als was uns trennt. Nonnen und andere, ihnen hierin ähnliche Menschen schätzen Gemeinsamkeiten mehr als Unterschiede, die beides sind – Segen wie Unglück. Der Gedanke dahinter ist ja, daß die Gemeinsam-

STÄNDIGE AUFMERKSAMKEIT SOLL DER

GEWIDMET WERDEN. SIE IST DIE NATÜRLICHE FÜHRERIN VON ORDNUNG UND EINHEIT.

(AUS EINEM ALTEN REGELBUCH FÜR NONNEN)

keiten uns in Frieden verbinden können, während die Unterschiede uns erfreuen, bereichern, erziehen und lebendig halten.

Festhalten und loslassen; die Herde im Griff behalten, indem man sie auf die offene Weide führt – darauf kommt es eigentlich an. Das ist auch eins der Dinge, von denen gilt: Was du außerhalb des Klosters finden kannst, das findest du bestimmt auch innerhalb, nur ein bißchen besser geregelt und viel subtiler. Gewöhnlich meint man, Festhalten sei allgemein anerkannt und offensichtlich gut; dagegen sei Loslassen etwas höchst Fragliches und zutiefst Böses. Nonnen glauben, daß die Gegensätze dann zusammenkommen, wenn jeder Schwester mit kluger Sorgfalt das gegeben wird, was sie braucht, auch wenn das, was jede braucht, verschieden sein kann. Das ist richtige, wahre Gleichheit. Alle Nonnen gleich behandeln ist so wichtig, daß es zum Gelübde gemacht wurde, und das heißt Armut.

Ein praktisches Plus der Gleichbehandlung ist das relative Freisein von Geldsorgen. Das darf niemals unterschätzt werden. Es gibt Nonnen (Gott segne und behüte sie), deren Aufgabe ist es, sich ums Geld zu kümmern – dadurch erleichtern sie dem Rest der Schwestern diese Last. Ganz gleich, wieviel eine Schwester verdient – alles geht in die gemeinsame Kasse, aus der jede Schwester bekommt, was sie braucht: manchmal mehr, manchmal weniger. Zu viel zu haben ist immer zu vermeiden, vor allem, damit verhindert wird, daß schlaue Nonnen mehr und mehr und noch mehr brauchen. Es ist auch ziemlich verwirrend, Nonnen zu sehen, die mehr und bessere Dinge haben als andere.

Du siehst also, die wahre Freude der Gleichbehandlung liegt darin, daß es gut ist, wenn jede hat, was sie braucht, und wenn immer noch etwas zum Weggeben übrig ist. Das ist die beste und sozial verantwortlichste Konsequenz des Armutsgelöbnisses. Ob nun Nonne oder nicht: Ich kann nur dringend empfehlen, ein gewisses Maß an Armut zu versprechen, besonders wenn du hast, was du brauchst, und noch etwas darüber hinaus. Jesus sagt: Entweder gib weg, was du nicht wirklich brauchst, oder versuch mal, dich durch ein Nadelöhr zu quetschen (Lk 18, 25). Jetzt bist du dran!

2. Nonnen haben kein Interesse, verheiratet zu sein

Der Gedanke, einem anderen Menschen jetzt oder für immer zu gehören, gefiel mir nie, wohl aber der Grundgedanke der Zugehörigkeit. Ich wollte nie von jemandem besessen sein, und wenn man dies vermeiden will, bleibt man am besten unverheiratet. Selbst die primitivsten Vorstellungen von Freiheit enthalten das Recht: Tu mit deinem Leben, was du willst – bis du heiratest. Nun möchte ich aber mein ganzes Leben lang tun, was ich will. Ohne ein „bis“. Interessanterweise schließt das Wort „Jungfrau“ auch eine unverheiratete Frau ein: die keinen Mann besitzen will oder von keinem Mann besessen werden will. Sich ganzen Generationen von heiligen und nicht so heiligen Frauen anschließen, die den Auftrag haben, die göttliche Freiheit der Unverheirateten zu bewahren – das ist für mich ein wichtiger, guter Grund, Nonne zu sein. (Außerdem sah es 1964 ganz so aus, daß man als Nonne viel mehr Spaß haben könnte als mit der katholischen Alternative für unverheiratete Frauen, nämlich eine „gottgeweihte Alleinstehende" zu sein – was mir furchtbar langweilig und öde schien.)

Mit dem Gelübde der Ehelosigkeit gehen Nonnen in der Frage der Zugehörigkeit sogar noch weiter, indem sie sagen: Du sollst weder einem Mann gehören noch irgendeinem anderen Menschen. Deshalb sind Nonnen seit eh und je höchst allergisch gegen „Partikularfreundschaften", die andere ausschließen, die abkapseln, zu ungeordneter Abhängigkeit verführen und haufenweise Zeit und Energie verschwenden. Wer meint, Ehelosigkeit bedeute einfach: keine Ehe, kein Sex, der geht am Kern der Sache vorbei. Ehelosigkeit ist niemals nur eine physiologische oder äußerliche Tatsache, sie schließt auch das Habenwollen aus, die ungeordnete Abhängigkeit, die ausschließliche Beziehung zwischen dir und einem Mann und irgendeinem Menschen sonst.

Während also Armut den Nonnen zeigt, wie man miteinander umgeht, lehrt die Ehelosigkeit, wie man sich gegenseitig liebt. Und was die Liebe betrifft, sind Nonnen felsenfest überzeugt, daß Ausschließlichkeit, Habenwollen, Hörigsein, restlose Abhängigkeit, Sich-Absondern und Verschwendung von Zeit und Energie niemals gute Wege sind – weder im Kloster noch sonstwo. Eine Frau, die Göttliches in sich aus eigenem Recht trägt, braucht keine Sicherheit durch andere. Das ist die Überzeugung der Ordensleute über die Keuschheit der Seele und der Hauptgrund, warum Nonnen nicht heiraten.

Was nun Frauen und ihre Art und Weise zu lieben angeht, so sind Nonnen ziemlich genau wie andere Frauen überall, bloß auch hier wieder im allgemeinen kontrollierter, subtiler und – wegen der Intensität des religiösen Lebens – wahrscheinlich viel komplexer. Gemäß der Überzeugung von der Keuschheit der Seele ist jede Frau, die ihr Leben lebt, um zu gefallen, anerkannt zu werden, Macht zu bekommen, geschätzt zu werden, Interesse und Liebe eines anderen zu gewinnen, keine Jungfrau. Jetzt ist auch verständlich, warum Einsicht gewinnen und in die Tiefe gehen besonders entscheidende, herausfordernde Aufgaben für Nonnen sind. Ohne das kann sie keine Jungfrau sein.

Wer sich jetzt immer noch wundert, warum ein Mensch überhaupt wünschen kann, ehelos zu leben, findet die beiden besten Antworten, wenn er auf Maria, die Mutter Gottes und Jungfrau schlechthin, blickt. Es gibt nach einer früher weit verbreiteten Volksfrömmigkeit zwei unglaublich anziehende Seiten an Maria, die Katholiken der älteren Generation schon früh gelernt haben. Zum einen ist Marias Jungfräulichkeit etwas Wunderbares und Geheimnisvolles, denn gewöhnliche sexuelle Erfahrungen (ehelich verkehren und Kinder empfangen) berühren sie weder noch mindern sie ihre Jungfräulichkeit. Auf geheimnisvolle, unerklärliche Weise bleibt die Mutter Jesu und die Frau des Josef Jungfrau für immer.

Zum anderen ist Maria so voller Mitleid, daß sie reuevolle Sünder unter ihrem schützenden Mantel birgt und hinter Gottes gerechter Hand in den Himmel schmuggelt. Marias Jungfräulichkeit ist so mächtig, daß sogar Gott davor kapituliert. Deshalb beteten Katholiken ohne Unterlaß zu Maria. Deshalb konnten es kleine katholische Mädchen kaum erwarten, sich den „Marienkindern" anzuschließen. Wenn man von Gott etwas nicht bekommen konnte, dann wandte man sich an die Mutter Gottes – selbst wenn bei einem Fest der Wein ausgegangen war (vgl. Joh 2,10).

Wenn also Zölibat so aussähe wie „Von nichts kommt nichts", dann wäre nichts von der Wahrheit weiter entfernt. Jenen, die wie Maria jungfräulich leben, ist ein außerordentlich schwieriges, göttliches und großartiges Leben verheißen, voll von geheimnisvollen und unglaublichen Dingen. Dazu gehört nicht zuletzt das Mitleiden, eine ganz abgründige Weise, Gott zu „besiegen".

Das Geheimnisvolle an der Jungfräulichkeit

BILD AN EINER KLOSTERTÜR:

- KEINE JUNGS -

(Gemalt von Ellen Seremet,
einem kleinen sechsjährigen Sonnenschein)

hat eine Menge mit dem bedingungslosen Vertrauen zu tun, daß die Ereignisse des Lebens in irgendeiner Weise göttlich sind, selbst wenn sie Verwirrung, Elend, Leid und Tod bringen. Wie die Jungfrau Maria glauben Nonnen (besonders die Schwestern vom Heiligen Kreuz), daß die Kräfte, die Leben zerstören, genauso wertvoll und göttlich sind wie die Kräfte, die das Leben wieder zusammensammeln. Das dunkle Gesicht Gottes ist ebenso voller Liebe wie das strahlende, leuchtende Gesicht Gottes. Dunkelheit und Licht sind unglaublicherweise dasselbe; beide sind wesentlich für die ständige Erneuerung des Lebens: Leid wird zu Freude, Sackgasse zu Neuanfang, Winter zu Frühling, Höhe zu Tiefe, Nacht zu Tag. Zweifellos hat alles seinen Sinn unter dem Himmel.

Wie Maria, die Mutter Gottes und die Jungfrau schlechthin, glauben auch Nonnen, daß Barmherzigkeit der allerbeste Weg ist, mit den Höhen, Tiefen und Ungewißheiten des Lebens zurechtzukommen. Genau das kommt dem Sinn von Ehelosigkeit am nächsten. Jesus sagt, daß Barmherzigkeit Gott am nächsten kommt (Lk 6,36) – mit ihr können wir uns dem Ziel, göttlich zu werden, am ehesten nähern. Die Fähigkeit, alle Schmerzen und Leiden des Lebens ehrfürchtig, schöpferisch und in mitleidender Kraft zu akzeptieren, machte Maria so göttlich, daß sie schließlich unzerstörbar wurde. Der Tod konnte ihr nichts anhaben. Unfähig zu sterben, wurde sie – wie die katholische Kirche sagt – in den Himmel aufgenommen. Oder man könnte sich auch vorstellen, sie fuhr in den Himmel. Oder wie auch immer.

Das ist es also. Verheiratet sein, das interessiert Nonnen nicht. Denn Ehelosigkeit bewahrt die göttliche Freiheit der Unverheirateten, erfüllt das Leben mit geheimnisvollen und unglaublichen Ereignissen, bewirkt ein grenzenlos barmherziges Leben und Arbeiten, nimmt Frauen in den Himmel auf, während sie noch auf der Erde sind, und rettet sie nicht zuletzt vor den verheerenden und tödlichen Folgen, zu besitzen und besessen zu werden. Sag: Welche Frau mit gesundem Menschenverstand möchte das nicht?

3. Nonnen hören auf Gott mehr als auf alle anderen

Der dritte gute Grund, eine Nonne zu sein, hat mit dem Gehorsam zu tun und damit, daß Nonnen es für äußerst wichtig halten, mehr auf Gott als auf alle anderen zu hören. „Auf was für einen Gott?“ ist dann immer die große Frage. Bis in jüngste Zeit meinte man, die Stimmen der festgesetzten Autoritäten (Kirche, Staat, Familie) wären eigentlich doch sehr respektable Vertreter der Stimme Gottes auf Erden. Folglich wurde der blinde, keine Frage stellende Gehorsam gegenüber diesen „rechtmäßigen“ Stimmen als größte aller Tugenden hingestellt. Du kannst alles anzweifeln, nur nicht die Autorität. Heute sehen wir: Das waren nicht die guten, alten Zeiten.

Jetzt sind die traditionell geheiligten Institutionen mit ihrer rechtmäßigen Wahrheit in die Krise geraten. Die „unfehlbaren“ Stimmen der Autorität sind in allen Bereichen des Lebens in Ungnade gefallen. Der Gehorsam gegenüber den Autoritäten von Kirche, Staat und Familie hat seine Glaubwürdigkeit fast völlig verloren. Zurück bleiben Millionen von restlos ergebenen Anhängern: verunsichert, verwirrt, verärgert und jetzt ganz auf sich allein gestellt. Wenn dann auch noch die Stimmen der Autoritäten verschieden oder erwiesenermaßen fehlbar sind, bekommt die eigene innere Stimme ein ausschlaggebendes Gewicht und wird gleichermaßen lästig. Wenn die Autoritätsstimme etwas ganz anderes verlangt als die innere Stimme, die Stimme Gottes, wem folgen wir dann?

Nonnen haben auf diese Frage eine außerordentlich gute Antwort parat. Es heißt nicht mehr einfach: „Das hat die Oberin gesagt.“ Egal, worum es geht: Jetzt sind Nonnen felsenfest überzeugt, daß man auf Gott mehr hören muß als auf alle anderen. „Und woher weißt du, daß du auf Gott hörst und nicht auf dich selbst?“ Die Antwort der Nonnen darauf bleibt jedoch gleich: „Die Oberin hat das gesagt.“ Auf Gott mehr als auf alle anderen hören nennen Nonnen: unterscheiden. Wenn sie allein oder gemeinsam über eine Sache beraten, wird normalerweise ziemlich schnell klar, was wirklich Gottes Wille und was bloß verstecktes Eigeninteresse ist.

Das Für und Wider allein und gemeinsam abwägen ist ein geheimnisvoller, unglaublich verläßlicher Weg, den Willen Gottes herauszufinden. Unterscheidender Gehorsam hilft dir, zu sehen, was du nicht sehen willst, und Ansichten zu verstehen, die ganz anders als deine eigenen sind. Er verhindert auch, daß jede Nonne sich einen Gott nach eigenem Geschmack zurechtlegt. Am meisten bewahrt er vor purer Dummheit. Durch die Tugend des Hörens auf Gott und aufeinander werden die liebevoll anteilnehmenden Beziehungen der Schwestern untereinander geöffnet, gewahrt und gestärkt.

Ein Wort über den heiligen Ungehorsam

Am schwierigsten wird das Hören auf Gott – mehr als auf alle anderen –, wenn die Stimme Gottes tatsächlich etwas anderes verlangt als die Stimme einer Autorität. Schade, daß wir eine vergleichbare Theologie des Ungehorsams nicht kennen – sie könnte helfen, das Zuwiderhandeln gegen die Autorität als Gottes Willen zu erkennen und zu verstehen. Der archaische Instinkt, alle totzuschlagen, die Autorität in Frage stellen, spukt immer noch in uns herum, und die Angst vor einer um sich greifenden Gehorsamsverweigerung bestimmt nach wie vor Rechtsordnung und Strafverfahren. Solche patriarchalistischen Züge haben sich tief eingenistet.

Für wahre Nonnen ist jedoch die Antwort bei

einem Unentschieden zwischen Gott und Autorität dieselbe: Gehorsam. Nonnen hören auf Gott mehr als auf alle anderen. Wie bei Maria, der glaubensstarken Jungfrau, läuft es letzten Endes immer auf dasselbe hinaus: Keiner außer Gott sagt Nonnen oder anderen Jungfrauen, was sie tun sollen. In dieser Hinsicht setzen Nonnen die alte biblische Tradition fort von Frauen, die wie Ester und Judit befreien und für die Täuschung und Ungehorsam Gottes Wille war. Wenn für Nonnen die Forderungen der „Autorität" im Widerspruch zu dem stehen, was sie als den Willen Gottes erkennen, dann ist das persönliche und gemeinsame Unterscheiden besonders gefragt.

Erkennen und unterscheiden, warum man sich dazu entschließt, der Stimme der Autorität (oder der Stimme Gottes) nicht zu gehorchen, ist bei weitem die interessanteste, geheimnisvollste und fordernste Seite am Gehorsam. Im Buch Ester finden sich vier ziemlich klare Gründe für heiligen Ungehorsam: Wenn die Situation unerträglich ist und das Überleben auf dem Spiel steht. Wenn die Stimme Gottes Befreiung verspricht. Wenn der erwogene Ungehorsam die Unterdrückung lindern würde. Und nicht zuletzt: Wenn göttliches Eingreifen überhaupt nicht wahrscheinlich ist.

Von biblischen Befreierinnen wie Ester und Judit lernen wir, daß die Solidarität mit den Bedrängten den Gehorsamen am Herzen liegt, denn dort ruft die Stimme Gottes laut und deutlich:

„Du bist der Gott der Schwachen und der Helfer der Bedrängten; du bist der Beistand der Armen, der Beschützer der Verachteten und der Retter der Verzweifelten" (Jdt 9,11). Für alle Befreier – sei es früher oder heute – sind die einzig legitimen Gründe für Ungehorsam, für List und Täuschung religiöser Art; sie kommen von Gott und stehen unter dem moralischen Anspruch, die Bedrängten zu befreien.

Deshalb sind für Nonnen heiliger Gehorsam und heiliger Ungehorsam in Wirklichkeit ein und dasselbe. Auf Gott mehr als auf alle anderen hören ist das einzige, worauf es wirklich ankommt. Da in dieser Welt Autorität nun einmal da ist, wäre es nicht schlecht, sich hierüber Gedanken zu machen, bevor es zu spät ist. Wenn jeder auf der Welt mehr auf Gott als auf alle anderen hören würde – was für eine Geschichte gäbe das! Die ganze Welt könnte in den Himmel aufgenommen werden. Oder man könnte sich auch vorstellen, das wäre der Himmel. Oder wie auch immer.

Was denkst du nun darüber, Nonne zu sein?

Hier hast du sie: drei hervorragende Gründe, Nonne zu sein. Auch wenn du noch immer keine sein willst, mußt du doch zugeben, daß Nonnesein viel interessanter ist, als man meistens meint. Und das sind nur drei Gründe. Es gibt weitere. Außer den „Geschenken" Armut, Ehelosigkeit und Gehorsam ist da auch ein Reichtum an moralischer Unterstützung, immerwährender Freundschaft und gegenseitiger Solidarität – alles sehr schwer zu finden, wenn man das Nonnenleben allein zu leben versucht.

Am 15. August 1972, dem Fest Mariä Himmelfahrt und früher dem Tag der feierlichen Profeß bei den Schwestern vom Heiligen Kreuz, gehörte zum Ritus der Gelübdeablegung, daß der Bischof aus dem Johannesevangelium las und sagte, wenn wir die gerade gemachten Versprechen hielten, würden sie „Geschenke für uns sein. Geschenke, die uns niemand nehmen könne". Damals dachten manche von uns: Niemand wird – außer uns – so verrückt sein, sie haben zu wollen. Wir unterschrieben eine Urkunde, daß wir nicht verrückt wären und diese Geschenke trotzdem wollten. Eine Art Kletterei auf den Gipfel des höchsten Berges und dann Sich-Fallenlassen in den Abgrund. Völlig ausgeflippt.

Der Bischof versicherte uns dann, daß wir tatsächlich verrückt seien, erinnerte uns aber daran, daß „die Dinge Gottes den Menschen immer töricht und verrückt vorkommen. Die Botschaft des Kreuzes ist völlig absurd für jene, die verlorengehen, aber für uns (die Schwestern vom Heiligen Kreuz) ist sie Gottes Kraft" (vgl. 1 Kor 1,18.25).

Damals war das nicht annähernd so voller Trost wie heute. Vielleicht braucht man fast an die fünfundzwanzig Jahre, um zu verstehen, was wahre, wirkliche Torheit ist. Wie dem auch sei. Richtig gelebt, ist das Leben als Nonne zweifellos viel schöner als alles, was darüber gesagt werden kann. Es lohnt sich wirklich, darüber nachzudenken, bevor es zu spät ist. Vor allem, wenn alles, was du dir darunter vorstellst, ist: Dies nicht und das nicht, und ich komme dafür sowieso nicht in Frage.

Siebter Tip:

Mach dich selbst gewinnend

Aus sich und seinem Leben einen Gewinn zu machen, ist – wie du wahrscheinlich nicht mehr weißt – eine der beiden Hauptzutaten, um ein fröhlicher Mensch zu sein. Das wiederum steht an dritter Stelle unter dem Hauptpunkt eins: Freu dich mehr als alle anderen – einer der zehn Tips, die man für den Rest seines Lebens beherzigen sollte. Mach dich selbst gewinnend!

Manchmal denke ich, der tragischste Fehler der Menschen liegt in der bequemen Vorstellung, daß die einen automatisch als interessante Menschen aufwachsen und die anderen nicht. Falsch, ganz falsch. Keiner wird automatisch ein interessanter Mensch, sondern nur ein langweiliger – genau wie das Salz der Erde, das fade wird. Wie kann man seinen Geschmack wiederherstellen?

Gar nicht. „Es taugt zu nichts mehr; es wird weggeworfen und von den Leuten zertreten“ (Mt 5,13). Ein klarer Hinweis auf die schließlich tödlichen Folgen der Langeweile.

Obwohl es dich zuerst ein hartes Stück Arbeit kostet, ist es sehr wichtig, daß du dich für den Rest deines Lebens zu einem interessanten Menschen machst. Denn es verhindert, daß du fade wirst, zu nichts mehr taugst, zertreten wirst – überhaupt keine schöne Vorstellung. Bei den unendlich vielen Möglichkeiten, sich selbst gewinnend zu machen, brauchte ich auch hier zweiundvierzig Jahre, um vier zu entdecken.

1. Suche dir ganz verschiedene Freunde

Gibt es einen besseren Weg, sich zu einem interessanten Menschen zu machen und die Ursache wahrer Gleichheit zu stärken, als sich ganz unterschiedliche Freunde zu suchen? Gemeinsamkeiten bringen Menschen einträchtig zusammen, aber erinnere dich auch, daß Unterschiede uns erfreuen, bereichern, erziehen und lebendig halten. Sich nur Menschen von gleichem Schlag anzuschließen zieht auch wenig Gewinnendes und viel Engstirniges nach sich, zum Beispiel das Langweilige, das Sterbenslangweilige. Immer und ewig dasselbe. Alles die gleichen Menschen, keine Unterschiede. Das weckt den Zorn Gottes, denn „immer dasselbe“ ist überhaupt nicht das, was Gott erschafft. Ebenso wie der Mensch ohne Ein-

EIN FRÖHLICHES

HERZ

(das heißt voller Spaß)

IST GESUNDHEIT FÜR DEN LEIB,

ABER EIN BEDRÜCKTES GEMÜT

(das heißt voller Langeweile)

LÄßT DIE GLIEDER VERTROCKNEN

(von dir selbst und allen anderen).

BUCH DER SPRÜCHE 17,22

sicht ist der langweilige, „laue“ Mensch für Gott so ein Ekel, daß er ihn ausspuckt (vgl. Offb 3, 16-17).

Nonnen möchten besonders gut sein, wenn es darum geht, mit ganz verschiedenen Menschen gut freund zu sein. Weiß Gott warum, aber wenn es Menschen gibt, die mit wirklich unterschiedlichen Leuten zusammenleben, dann sind es Nonnen. Sie leben mit anderen Nonnen zusammen und lernen so von Grund auf, mit Menschen aller Arten auszukommen. Das ist eine der wichtigsten Aufgaben einer Nonne: Behandle jeden Menschen wie einen Engel Gottes, wie Jesus Christus – die Reichen und die Armen, „die müden, zusammengepferchten Massen voller Sehnsucht, frei zu atmen“, die Verlorenen und die Wiedergefundenen, „der Abschaum deiner übervollen Strände“, Sünder und Zöllner, selbst „die im Lebenssturm Gescheiterten“.

Im Hinblick auf alle sollte jede Nonne eine „barmherzige Schwester“ sein. Keine Schwester tue anderen, was sie nicht möchte, daß es ihr selbst getan werde. Nach dem gleichen Prinzip sollte auch jede Schwester andere so behandeln, wie sie selbst behandelt werden möchte. Das ist die nötige Einstellung, um wirklich mit ganz verschiedenen und interessanten Menschen gut freund zu sein.

Schau dich mal kurz unter deinen eigenen Freunden um. Wenn alle so ähnlich sind wie du (z.B. Wichtigtuer, Quasselstrippen oder Modepuppen) oder wenn du überhaupt keine Freunde hast, dann bist du vielleicht genau auf dem Weg zu einem ganz netten, aber stinklangweiligen Leben. Wenn deine Freunde völlig anders sind als du (z.B. Dudelsackpfeifer, Nonnen oder Sportskanonen), besteht Aussicht, daß dein Leben zunehmend vergnüglich und voller Spaß wird. Also streng dich an, unterschiedliche Freunde zu finden. Wenn du darauf keinen Wert legst, wirst du wohl als ausgelaugtes Salz enden, das zu nichts mehr taugt; es wird weggeworfen und von den Leuten zertreten. Ein wirklich tragischer Verlust für die Menschheit!

2. Arbeite

Deine allerbeste Arbeit finden ist das dritte der drei allerbesten Dinge, die du finden solltest – die anderen sind dein allerbestes Ich und dein allerbester Gott. Alle drei gehören zusammen, und keins kann ohne die anderen überleben. Arbeiten bedeutet viel mehr, als den Lebensunterhalt zu verdienen. Es heißt, Körper und Geist (am besten beides) nützen, um eine Lebensaufgabe zu erfüllen. Arbeiten ist, was du aus deinem Leben machst, und nicht, was das Leben aus dir macht.

Wenn es darum geht, sich selbst gewinnend zu machen, gehört Arbeit wesentlich dazu. Wenn deine Arbeit interessant ist und die Menschen, mit denen du arbeitest, fröhlich sind, dann trägt das außerordentlich dazu bei, selbst ein interessanter und fröhlicher Mensch zu werden. Bei solchen Menschen geschehen meistens ungewöhnliche, unvorhergesehene Dinge. Es sind Leute, die erst für Spaß sorgen und dann tolle Geschichte darüber erzählen. Gutes Geschichtenerzählen ist – du erinnerst dich wohl nicht mehr – ein Kennzeichen eines fröhlichen Menschen.

Wenn du aber deine Arbeit und deine Arbeitskollegen ziemlich langweilig, ohne Leben findest, dann trägt das genauso außerordentlich dazu bei, selbst ein ziemlich langweiliger Mensch ohne Leben zu werden. Ist deine Arbeit ein einziges Gähnen? Geschieht nichts, was man später weitererzählen könnte? Dann gerätst du Tag für Tag tiefer in die tödliche Höhle der Langeweile, und es besteht wenig Hoffnung, daß das Leben wieder Würze bekommt – schade.

Es gibt nur eine Sache, die noch schlimmer ist als langweilige Arbeit und langweiliges Leben: ein langweiliges Leben mit überhaupt keiner Arbeit – das Äußerste an nichts. Ohne irgendeine Aktivität, in der man Leib und Geist einsetzen kann, gleitet der Mensch ziemlich schnell und unmerklich in einen verkümmerten Zustand ab. Ohne Arbeit, in welcher Form auch immer, verfallen die meisten einem unglaublich starken Hang zum Rumhängen, Fernsehglotzen, Knabberzeugfressen – oder Sex, Alkohol, Drogen. Drunter und drüber. Verfall, völliger Verfall.

Manchmal mag es ja zu empfehlen sein, sich ein bißchen gehen zu lassen, aber ein richtiger

TRAURIG, ABER WAHR

Verfallsprozeß tut nichts anderes, als dich langsam umzubringen – mit seiner versteckten, alles zerfressenden Langeweile. Genauso bringt sich der im Übermaß Arbeitende langsam um – durch diesmal nicht so gut versteckte völlige Erschöpfung, eine ganz andere Art von Langeweile. Der Trick besteht darin, deine allerbeste Arbeit zu finden (zum Beispiel Mutter oder Vater sein, unterrichten, helfen, schreiben oder Wasserhähne reparieren) und sie ständig deinem allerbesten Ich zu geben. Am Ende gelangst du dann zu deiner überhaupt allerbesten schöpferischen Arbeit, die immer unendlich interessant ist.

3. Erziehe dich selbst

Das Schlimmste, was du dir je antun kannst: meinen, man sei nach Schule, Uni, Ausbildungsjahren oder abgelegten Prüfungen fertig. In der Minute, in der du aufhörst zu lernen, genau in der Minute fängst du an, wieder dumm zu werden – langweilig. Ohne Rücksicht auf scheinbar endlose Schuljahre müssen wir uns unbedingt weiterbilden, wenn wir je erwarten, ein interessanter Mensch zu werden, der mehr als alle anderen Spaß am Leben hat. Auf Anhieb kann ich dir fünf Wege zum Weiterlernen nennen, die sich mit etwas Mühe und Geld in einem normalen Leben unterbringen lassen.

1. Lies jeden Tag mindestens eine halbe Stunde.
2. Schau dir Filme an.

3. Besuche Theaterstücke, Ausstellungen, Museen und Konzerte.
4. Mach Kurse und Fortbildungen mit.
5. Verreise.

Im übrigen kannst du immer aus Erfahrungen lernen, besonders aus Fehlern. Diese Art zu lernen ist umsonst und jederzeit möglich. Ständig weiterlernen ist ein unbedingtes Muß, denn es hält Geist, Leib und Seele am Leben. Andernfalls hast du immer weniger zu sagen und machst schließlich im Alter womöglich nichts anderes als vor dich hin zu knurren. Kein einladender Weg.

4. Nimm Stellung

Bei der Verleihung des Friedensnobelpreises am 10. Dezember 1986 gab Elie Wiesel, der den Holocaust überlebt hat, der New York Times das „Zitat des Tages" mit folgenden Worten:

> „Sag nein.
> Neutralität hilft dem Unterdrücker,
> niemals dem Opfer.
> Schweigen ermutigt den Peiniger,
> niemals den Gepeinigten."

Der Holocaust ist eine der auf ganz tragische Weise klaren Folgen, wenn die Menschheit nicht Nein sagt – die ganze Menschheit ohne Ausnahme. Wundert es dich, daß Schweigen und Neutralität nicht immer die Tugenden sind, als die sie erscheinen? Wundert es dich, wenn sie vielleicht nur ein höflicher, scheinheiliger Weg sind, Konflikte zu vermeiden, die Folgen der Wahrheit zu fürchten, eine mögliche Ablehnung unerträglich zu finden – oder einfach sich vor weiß Gott was zu schützen.

Heute sehen wir, daß Konflikte vermeiden „um des lieben Friedens willen“ Folgen hat, die zerstörerisch und tödlich sind, schlimmer als alle Vorstellungen. Der Mut, Stellung zu nehmen, ist bestimmt die Tugend, auf die es heute und in Zukunft vordringlich ankommt. Erinnere dich, daß die „Lauen“, die „weder heiß noch kalt“ sind, von Gott ausgespuckt werden. Sie machen Gott einfach krank.

Eine wichtige Sache darf man nicht vergessen, wenn man Stellung nimmt: Sei vorsichtig mit Auseinandersetzungen! Nein sagen bei jeder geringsten Kleinigkeit, die passiert, führt dazu, daß du wahrscheinlich nicht mehr groß zum Arbeiten kommst und spätestens nach achtundvierzig Stunden durchgedreht bist. Den ganzen Tag nein sagen verfehlt seinen Sinn. Nimm Stellung nur in wichtigen Dingen – wo es dein allerbestes Ich betrifft, deinen allerbesten Gott oder deine allerstärksten Überzeugungen. Die Zeit des Schweigens, der Ausgeglichenheit, des inneren Friedens kommt nur, wenn du alles getan hast, was du tun konntest. Der Rest liegt nicht an dir. Dann kommt die Zeit, still zu sein, mit dem Strom zu schwimmen, Geduld und Ausdauer zu lernen –

Tag um Tag um Tag. Die interessanten, gewinnenden und bewundernswerten Menschen sind jene, die Mut genug haben, Stellung zu nehmen. Die langweiligen, enttäuschenden, Ärger erregenden Menschen sind jene, die glauben, es sei ihre messianische Aufgabe im Leben, den lieben Frieden zu erhalten. Alles nett machen. Ausgewogen sein. Beliebtheitsumfragen gewinnen. Als Miss Ausgewogenheit gekrönt werden. Niemals auch nur irgendwo nein sagen.

Diese überpassive Haltung bringt fast immer Verwirrung und Gleichgültigkeit, kaum jemals kann sie Frieden erhalten oder stiften, niemals aber ist sie interessant oder erfreulich. Gott sagt, wenn wir nicht für ihn sind, dann sind wir eindeutig gegen ihn. Und alle, die niemals Mut zum Nein haben, sind dazu verurteilt, zur großen Masse der Neutralen, der Lauen zu gehören, die am Ende ausgespuckt werden. Pfui!

Voller Hoffnung kannst du nun sehen, daß es erheblicher Gedanken und Mühe bedarf, um aus dir einen gewinnenden Menschen zu machen, und wie wichtig es ist, dies beizeiten zu tun. Oder möchtest du lieber wie das schale Salz an Geschmack verlieren, zu nichts mehr taugen, als weggeworfen und zertreten zu werden? Entweder das oder aus Gottes Mund ausgespuckt werden: Beides heißt so gut wie tot sein.

Die Wahl, vor die Israel einst gestellt wurde, ist auch unsere: „Hiermit lege ich dir heute das Leben und das Glück, den Tod und das Unglück

WEIL DU ABER LAUWARM BIST,
WEDER HEIß NOCH KALT,
WILL ICH DICH AUS MEINEM
MUND AUSSPUCKEN.

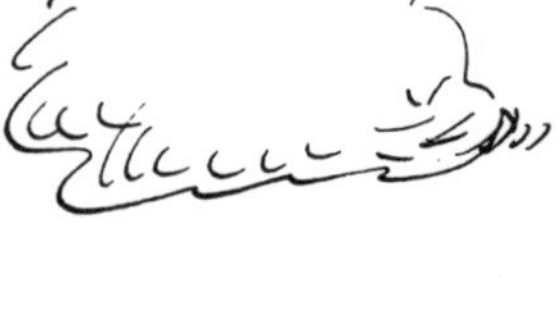

OFFENBARUNG
3,16

vor", spricht Gott. „Wenn du auf deinen Gott hörst, dann wirst du (ein sehr interessantes Leben) leben. Wendest du aber dein Herz ab und hörst nicht, dann wirst du sicher umkommen (an Langeweile – Anmerkungen für Anfänger). Leben und Tod lege ich dir vor, Segen und Fluch" (vgl. Dtn 30,15-20). Gott ist natürlich immer dafür, daß das Leben gewählt wird und wir niemals in den todlangweiligen Zustand der „Verdammnis" fallen. Auf dein allerbestes Ich und auf Gott hören oder nicht – das ist die ständige Entscheidung, die aus uns und dem Leben einen Gewinn macht.

Achter Tip:

Lebe eine Weile allein

Es gibt kaum einen Menschen, der jetzt und immer allein leben möchte. Aber eine Zeitlang allein leben ist eine äußerst wichtige Sache, so daß man sie regelmäßig tun sollte. Immer allein leben ist bestimmt auch ernsthafter Überlegungen wert – besonders bei Frauen, für die regelmäßige Zeiten der Einsamkeit eine psychologische Notwendigkeit sind, ein angeborenes Bedürfnis.

Denn so weit die Geschichte zurückreicht, gab es fast immer eine Art Einkehr für Frauen – gewöhnlich hing sie zusammen mit Menstruationstabus. Frauen waren dann so schrecklich unausstehlich, daß die Männer sie nicht aushalten konnten. Die Reaktion darauf war, die Frauen in einsiedlerähnliche Hütten wegzuschicken, jeweils für eine Woche im Monat. So wurden sie los, was sie schauderhaft fanden; sie machten es zum Tabu.

Was für ein gutes Geschäft für die Frauen: drei Monate Ferien im Jahr! Mit all diesen unausstehlichen Menstruationsfrauen jeden Monat eine Woche lang zusammen leben, fasten, andere Reinigungsriten vollziehen und weiß Gott was sonst noch – keine schlechte Idee! Primitive Frauenclubs. Vielleicht auch frühe primitive Klöster. Sehr wahrscheinlich aber die göttlichen Ursprünge für die monatliche Einkehrzeit der Nonnen über die täglichen stillen Zeiten hinaus.

Manche glauben ja, die Frauen selbst hätten dieses Tabu eingeführt, indem sie die Männer absichtlich verrückt machten. Ein höchst merkwürdiges Verhalten würde es nämlich rechtfertigen, für eine Weile allem zu entfliehen. Auch eine prima Idee! Wie dem auch sei – das wichtigste ist, daß Frauen sich offensichtlich regelmäßig der Dauerbeanspruchung durch Familie, Freunde und Arbeit entziehen müssen. Das weibliche Recht auf Alleinsein, auf einen „stillen Winkel" wahrnehmen und verwirklichen ist heute wesentlich und war es schon immer, solange wir zurückdenken können. Allein leben ist also überhaupt nichts Neues im Leben von Frauen.

Die guten Seiten des Alleinlebens

Das Beste am Alleinleben: es sorgt für endlose Einsamkeit. Was bedeutet Einsamkeit für eine

Frau in der Zeit der Zurückgezogenheit? Was bedeutet die Einsamkeit dieser Frau für die Familie, für Freunde und Arbeit?

1. Ruhe und Frieden finden

Ruhe und Frieden gehören beim Alleinleben eindeutig zu den schönsten Zügen, wegen der entspannenden, tröstlichen und befreienden Wirkung. Wem es erlaubt ist, sich körperlich und geistig aus den ständigen persönlichen Anforderungen der Familie, Freunde und Mitarbeiter zu entziehen, dem bietet die Einsamkeit sofort Erleichterung, Erholung für die Seele. Die fordernden Stimmen der anderen sind zum Schweigen gebracht, übrig bleibt ein „leises, sanftes Säuseln" deines allerbesten Ichs und Gottes. Der „leise, sanfte" Klang dieser Stimme ist oft so wohltuend, daß ein Sich-Zurückziehen auf diese Weise offensichtlich eine ungeahnt besänftigende, beruhigende und heilende Wirkung besitzt – ein Stückchen von der ewigen Ruhe.

Aber selbst wenn du dich nicht so ausdrücklich zurückziehst, bleibt dennoch die schlichte Erfahrungstatsache von Ruhe und Frieden mit ihren gewöhnlichen wohltuenden Wirkungen, und das mag sicherlich genügen. Ruhe und Frieden bewahren Frauen davor, sich in den Bedürfnissen und Forderungen anderer zu verlieren, und sie verhindern, daß das Leben nichts anderes mehr ist als die erdrückende Summe seiner allzu vielen Teile. Ruhe und Frieden bewahren ihren Lohn in sich selbst.

2. Gott finden

In der Bibel ist der Ruf in die Einsamkeit immer eine Einladung, mit dem eigenen allerbesten Ich und Gott in Kontakt zu kommen. Der Herr sagt zum Propheten Hosea: „Darum will ich selbst sie verlocken. Ich will sie in die Wüste hinausführen und zu ihrem Herzen sprechen" (Hos 2,16). Der Gott Jesajas bittet: „Auf, mein Volk, geh in deine Kammern, und verschließ die Tür hinter dir! Verbirg dich für kurze Zeit ..." (Jes 26,20). Jesus ermutigt seine Jünger: „Kommt mit an einen einsamen Ort, wo wir allein sind, und ruht ein wenig aus" (Mk 6,31). „Geh in deine Kammer, wenn du betest, und schließ die Tür zu; dann bete zu deinem Vater, der im Verborgenen ist" (Mt 6,6).

Wenn wir allein sind und die ständigen Anforderungen und Turbulenzen hinter uns gelassen haben, führt Gott uns in die Einsamkeit, und die Einsamkeit kann uns allmählich zu Gott führen. „Ich fand dich draußen nicht", betete Augustinus, „denn falsch war es, daß ich dich draußen suchte, der du doch drinnen bist." Allein leben kann ungeteilten, unbegrenzten Zugang zu Gott bieten, der drinnen, in uns auf uns wartet. Wahrscheinlich das Erschreckendste und zugleich Erquickendste am Alleinleben.

VOM EINSAMEN LEBEN

(JOHANNES VOM KREUZ)

SIE LEBTE IN EINSAMKEIT,
UND AUCH IN EINSAMKEIT HAT
SIE IHR NEST GEBAUT.

IN EINSAMKEIT FÜHRT GOTT SIE,
GOTT ALLEIN,
DER AUCH IN EINSAMKEIT
DER LIEBE WUNDEN TRÄGT.

3. Sich selbst finden

In dem kleinen Text „Vom einsamen Leben“ macht uns Johannes vom Kreuz auf liebenswürdige poetische Art darauf aufmerksam, daß die Einsamkeit zwar ungewöhnlich friedliche, beruhigende, liebevolle Wirkungen hat, daß sie aber andererseits niemals davon lassen kann, uns einer ganzen Horde düsterer Geister auszusetzen: Ängste, Widersacher, Sorgen, Verwundungen; unsere eigene Wahrheit, Tiefe und Grenze; die inneren Blockaden (Einstellungen, Bedürfnisse, Abhängigkeiten), die uns von unserem allerbesten Ich und Gott fernhalten.

Was beim menschlichen Geist am allerwenigsten anziehend und mutig ist, das ist sein Hang, immer irgendeinem anderen die Schuld zu geben: den Männern oder Frauen im allgemeinen; den Ehemännern und Ehefrauen, den Kindern und Freunden im besonderen. Wenn du aber allein lebst, gibt es keinen außer dir selbst, dem du deinen ganzen Jammer anlasten kannst. Nur du ganz allein, dein allerbester Gott – und vielleicht dein Wellensittich. Hierin liegt das Schönste und Schlimmste vom Alleinleben. Das gute göttliche Du, das Seite an Seite mit all den Fehlern lebt, die du selbst machst. Nichts, gar nichts vermag diese düsteren und lichten Wahrheiten so schonungslos aufzudecken wie die Einsamkeit, die das Alleinleben mit sich bringt.

Wenn du dich aber weigerst, auf die Enthüllungen und Konfrontationen der Einsamkeit zu achten, wirst du langsam, aber sicher so durchdrehen, daß es unerträglich wird, mit dir zu leben – für die anderen und auch für dich selbst. Denn die „leise, sanfte" Stimme deines allerbesten Ichs und Gottes kann nicht zum Schweigen gebracht werden. Auf sie hören oder nicht auf sie hören – das ist wahrscheinlich die entscheidende Erfahrung.

Deshalb lautet der allerbeste Ratschlag für jetzt und immer: Erspar dir Zeit und Ärger, achte auf das, was dir die Einsamkeit zeigt. Den größten Ängsten, Widersachern, Sorgen, Verwundungen begegnen ist viel weniger schlimm, als niemals richtig zu wissen, woraus sie bestehen, woher sie kommen und warum sie da sind. Außerdem, so wie der Dreck beim Graben in die Tiefe, so sind die inneren Unruhen nach einer Weile von großem Wert und machen den einsamen Menschen allmählich stärker, mutiger, freier und unzerstörbarer. Das einzige, was wir fürchten müssen, ist für uns das Beste. Und das ist die Wahrheit.

4. Zu neuen Kräften finden

Schließlich findet der einsame Mensch neue Kraft in der Einsamkeit, und genau diese neue Energie ist es, was die Einsamkeit für das Leben der Familie, der Freunde und für die Arbeit bedeutet. Wer Ruhe und Frieden, Gott und das Ich findet, entdeckt auch allmählich die reine Begeisterung durch die Fähigkeit, das Leben, wie es ist, zu bejahen und der Kraft des Leben zu vertrauen, selbst wenn sie sich im allergrößten Elend äußert. Vertrau dich dem Strom des Lebens an.

Manchmal finden sich neue Wege, um die Schwierigkeiten des Lebens zu lösen, in der Einsamkeit. Ein andermal wirst du meinen, es bringe nichts, irgendetwas zu tun; am besten sei es, einfach stillzuhalten. „Ich beschwöre euch, Jerusalems Töchter: Was stört ihr die Liebe auf, warum weckt ihr sie, ehe ihr selbst es gefällt?" (Hld 8,4) Die Folge ist auf jeden Fall, daß göttliche Kraft für das Leben zugänglich wird. Neue Energie strömt in Beziehungen ein, vertieft und stärkt sie; und oft wirkt sie sich in kreativer Arbeit jeglicher Art aus.

Wer sich bedrängt, erschöpft und ausgetrocknet in die Einsamkeit zurückzieht, kommt wieder und fühlt sich auf geheimnisvolle Weise wie neugeboren. Im „Hohenlied" wird die junge Frau, die aus der Einsamkeit kommt, von ihren Freundinnen fast nicht wiedererkannt. Sie fragen: „Wer ist sie, die aus der Steppe heraufsteigt, auf ihren Geliebten gestützt?" (Hld 8,5)

„Gnade" – so sieht die neue, ganz zu Herzen gehende Kraft aus. „Ruhende Schönheit", wie es im I Ging heißt (vgl. deutsche Ausgabe, hrsg. von Richard Wilhelm, Köln 1956, 98); innerlich Klarheit, äußerlich Stille; das Geschenk Gottes, das alle anderen Geschenke umfaßt. „Denn deine Güte ist besser als das Leben" (Ps 63,3). Reine, in

ICH DENKE, DAß ICH DIES AUF JEDEN FALL TUN WERDE:

ICH WENDE MICH FÜR EINE HALBE STUNDE NACH INNEN....
UND HÖRE AUF MEINE INNERE STIMME.
ICH GEBE MICH SELBST AUF.
MAN KÖNNTE ES AUCH MEDITATION NENNEN. ICH HÜTE MICH NOCH ETWAS VOR DIESEM WORT. ABER WARUM NICHT?

EINE STILLE HALBE STUNDE MIT DIR SELBST.

ES REICHT NICHT AUS, DEINE

ARME
UND
BEINE
UND

ALLE ANDEREN MUSKELN ZU BEWEGEN...
WIR SIND KÖRPER UND GEIST. WORAUF ES WIRKLICH ANKOMMT, IST UNSERE SEELE ODER UNSER WESEN ODER WIE DU ES AUCH NENNEN MAGST, WAS DA VON INNEN HERVORSCHEINT.

(ETTY HILLESUM)

Staunen versetzende Gnade. Besser als das Leben selbst. Voller und reicher als alle unsere Erfahrungen. Und ungeachtet, ob die Gnade zu erfahren ist oder nicht, versichert Gott dem Apostel Paulus: „Meine Gnade genügt dir, denn sie erweist ihre Kraft in der Schwachheit“ (2 Kor 12,9). Was auch immer der einsame Mensch also dem Leben in der Familie, den Freunden, der Arbeit im Beruf wieder mitbringt – alles ist schließlich doch genügend voll von fürsorglicher Liebe, genug voller Gnade. Manchmal mehr als genug. Manchmal anscheinend nicht genug. „In seiner Macht kann Gott alle Gaben über euch ausschütten, so daß euch allezeit in allem alles Nötige ausreichend zur Verfügung steht und ihr noch genug habt, um allen Gutes zu tun …“ (2 Kor 9,8). Mit zum Allerbesten des Alleinlebens für heute und immer gehört, daß wahre Einsamkeit dich als dein Zuhause empfängt, dir Ruhe schenkt, dich aufrichtet, dich durchträgt und dich ins Alltagsleben wie neugeboren zurückkehren läßt. Das ist meine Vorstellung von einer richtig guten Zeit.

Die schlechten Seiten des Alleinlebens

Wie es im Leben so ist, hat jede Sammlung von allerbesten Seiten wahrscheinlich auch eine vergleichbare Sammlung von allerschlechtesten. Stärken und Schwächen, das Gute und das Schlechte – es ist wie mit den zwei Gesichtern desselben Mondes, mit den zwei Seiten derselben Münze; wie mit Tag und Nacht. Während die Aufzählung der guten Seiten das Schöne am Alleinleben herausstellt, zeigt die Liste der schlechten Seiten, was am Alleinleben nicht so schön und manchmal schrecklich ist. Dazu kenne ich auch vier.

1. Es ist harte Arbeit

Weil es keinen anderen gibt, der dir bei den Dingen zur Hand gehen könnte, die dir ein Greuel sind, bedeutet allein leben, daß du die ganze Hausarbeit allein machen mußt: Rechnungen bezahlen, Buch führen, sich ums Auto kümmern, das Haus (Fenster, Wände, Flure) putzen, die Wäsche machen, einkaufen, kochen, abwaschen, Regale befestigen, den Hund ausführen, Schnee schippen, Blätter fegen, Rasen mähen, Anrufe beantworten und an die Haustür gehen, Fledermäuse beseitigen, Mausefallen aufstellen und wegräumen. Ganz zu schweigen von unerwarteten Krisen, wenn dir am Mittwoch abend um 21.24 Uhr die Decke des Wohnzimmers auf den Kopf fällt.

Auf jeden Fall bist nur du da, du ganz allein – und vielleicht noch dein Wellensittich (der – was die Hausarbeit angeht – überhaupt nichts übernimmt). In einer Gruppe leben heißt in der Regel, daß man nur das eine oder andere von all diesen Sachen tun muß und daß es gut möglich ist, sich die Arbeiten herauszupicken, die einem Spaß machen. Das Alleinleben ist voll von manchmal sehr harter, immer aber sehr lästiger, zeitraubender Arbeit. Hausarbeit ist eindeutig der schlimmste Feind der Alleinlebenden.

2. Es ist mehr Streß

Praktisch alles, was heutzutage über Streß geschrieben wird, zeigt, daß die Belastung bei denen am größten ist, die allein leben. Kein Wunder! Wenn nur du da bist ohne irgendeinen anderen, macht es wirklich Mühe, sich auf etwas anderes zu konzentrieren als darauf, wie du dich fühlst oder was am Tag los war. Ob du nun glücklich oder traurig bist – wenn alles, was du hörst, dein eigenes Denken ist, kann dich zuviel des Guten verrückt machen. Es stößt dich an die Grenze, wo genug einfach genug ist. Dann kehre schleunigst zum vierten Tip zurück: Such dir einen Ort, um dem Alltag zu entfliehen, und komm nicht eher zurück, als bis es sein muß.

Wege finden, um ganz allein in deinen vier Wänden zurechtzukommen, gehört zu den größten und schwersten Herausforderungen des Lebens. Essen und Trinken sind ein gefährlicher Weg, damit fertigzuwerden, besonders wenn man an den Kummerspeck denkt. Die wunderbare, fast ausgestorbene Welt des heißen Kräuterbades (mit viel Schaum) ist eine herrliche Zuflucht und lohnt, sofort ausprobiert zu werden. Genauso alle

Arten von Musik, Lesen, Kochen, Schreiben, Filme, Patiencelegen – auch alte geheiligte Spiele wie I Ging, Tarot, Runen. Alles sind überraschende Möglichkeiten voller Spaß, um auf die Dauer das Vergnügen an deiner eigenen Gesellschaft zu genießen.

3. Es ist manchmal einsam

Alleinleben ist manchmal einsam, manchmal schrecklich einsam. Aber manchmal ist auch das Leben in einer Gruppe einsam, manchmal schrecklich einsam. Allein oder nicht allein – die Einsamkeit ist eine Tatsache des Lebens, die bis zum Paradies zurückgeht, das heißt, so weit der Geist denken kann. Einsamkeit gehört zu den Geschenken, die keiner wegnehmen kann, denn wer will schon einsam sein? Mit der Einsamkeit leben lernen hebt diese nie ganz auf, aber macht sie weniger wertlos und schon gar nicht sinnlos.

Dennoch „ist es nicht gut, daß der Mensch allein sei“ (Gen 2,18). Natürlich führen einige Seiten des Alleinlebens zu Isolation, Sichgehenlassen und einer gewissen Achtlosigkeit gegenüber dem Leben. Wenn es mich nicht stört, warum sollte es dann andere stören? Das Alleinleben kann eine unwahrscheinliche Verführung zur totalen Flucht aus der Wirklichkeit sein, aber es endet fast immer damit, daß man selbst es ist, der dabei kaputt geht.

Es sind zweifellos die einsamsten Stunden der

Einsamkeit, die absolutes Vertrauen auf Gott fordern (Est 4,16) – auf Gott, der den Sünder der Einsamkeit überläßt (Hos 2,5), aber nicht eher ruht, bis das verlorene einsame Schaf wiedergefunden ist (Lk 15,4). Einsamsein ist die dunkle Seite des Zusammenseins, so wie Verlorensein die dunkle Seite des Wiedergefundenwerdens ist. Beides gehört zur Bewegung des Lebens, ist aber trotzdem das Härteste und Schlimmste am Alleinleben.

4. Es ist teurer

Die Tatsache, daß das Alleinleben mehr kostet, ist nicht schön; sie ist sogar oft das Abschreckendste daran. Denn Leute, die allein leben, werden nicht mit Hochzeitsgeschenken überschüttet. Alles mußt du selber kaufen: Bettwäsche, Tischdecken, Servietten, Backformen, Rührschüsseln, Gläser, Geschirr, Silberbesteck, Töpfe und Pfannen, große und kleine Küchengeräte, Untersetzer, Hunderte von Dollar für Küchenutensilien und alles andere, was im Haushalt so gebraucht wird. Das ist teuer.

Dazu kommen all die Hausarbeiten, die gemacht werden müssen und die allmählich so umfangreich werden, daß du sie nicht mehr im Griff hast. Deshalb wird es nötig, Leute zu bezahlen, die dann das Haus saubermachen, Blätter harken, Schnee schaufeln, die Wäsche machen und Verschiedenes streichen, befestigen oder installieren.

Wenn man allein lebt, sind die Kosten bei weitem größer, als wenn man in einer Gruppe lebt – obwohl das Alleinleben oft viel schlichter und bescheidener ausfällt. Wer allein lebt, findet das nicht besonders gerecht, ganz im Gegenteil, man kann sich nur wundern über die weltweite Verschwörung gegen jegliches Alleinleben – egal, in welcher Art und Weise. Die Wirtschaftssanktionen gegen das Alleinleben sind tief einschneidend, besonders bei Nonnen und anderen Leuten mit einfachem Lebensstil und begrenzten Mitteln. Teures Alleinleben – schlimm und sehr unfair.

Alles in allem …

Da siehst du nun: Das Alleinleben, so wie es hochgejubelt wird, so ist es und ist es doch keineswegs. Während die Alleinlebenden Ruhe und Frieden, Gott, sich selbst und neue Kräfte finden, finden sie auch mehr Arbeit, mehr Streß, manchmal mehr Einsamkeit und auf jeden Fall mehr Kosten. Ob du es machst oder ob du es nicht machst, immer ist es eine schöne Bescherung. Aber was das Alleinleben für eine Weile angeht, ist es weit besser, es zu machen, als es nicht zu machen – so sehr viel besser, daß es von jedem erwachsenen Menschen als „Initiationsritus" verlangt werden sollte. Es ist besonders für Frauen gut, die sehr anfällig dafür sind, lieber abhängig als unabhängig zu werden. Und es ist selbstverständlich eine unbedingte Voraussetzung für alle, die heiraten oder Nonne werden wollen.

Weil ich eine der seltenen Nonnen bin, die zur Zeit und wahrscheinlich für immer allein lebt, gehört für mich das vorübergehend Alleinleben bestimmt zu den schönsten Dingen, die man tun sollte, solange man noch lebt. Für die lebenslänglich Alleinlebenden gehört das allmählich zu den größten Freuden und Freiheiten des Lebens. Du hast dann nicht nur die Möglichkeit, alle zehn Tips meiner Liste jederzeit zu befolgen, wann du willst, sondern du brauchst dich auch nicht um Krümel in der Butter zu kümmern und mußt das Bett und das Geschirr erst machen, wenn Besuch kommt. Auch ein Vorteil.

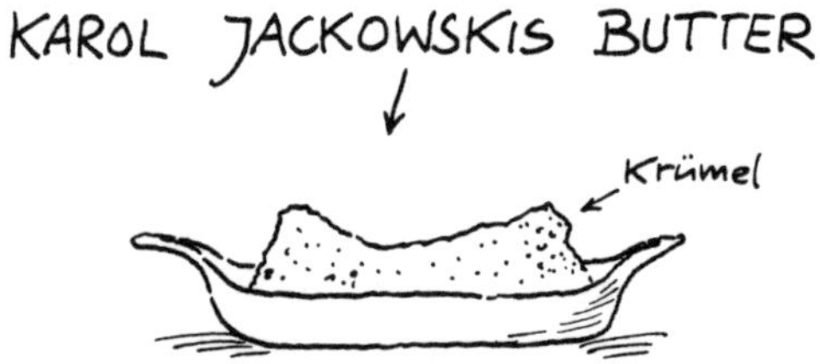

Neunter Tip:

Sei gut zu dir

Um das allerbeste Ich zu versorgen und zu verpflegen, ist kein Weg besser geeignet, als zu sich selbst gut zu sein. Gönn dir was! Du lernst, dir etwas zu gönnen, wenn du allein lebst, denn wenn du es nicht tust, sind die Aussichten gering, daß es ein anderer tut. Es ist weit und breit einfach kein anderer da. Niemand, den man bitten könnte: „Schatz, sei so gut und hole mir vom Italiener ein Pistazien-Eis!“ Das allerbeste Ich verpflegen bringt für manche eine Menge Anstrengung mit sich: kein Fleisch, nichts Gebratenes, und ja keinen weißen Zucker und kein weißes Mehl. Andere sind für all das Genannte, ausgenommen körperliche Anstrengung; sie kaufen sich auch nie Schuhe, bei denen man sich zum Zubinden bücken muß. Da ich zufällig zu diesen Leuten gehöre, hat die hier vertretene Philosophie überhaupt nichts Ausschließliches an sich – nur das, was für Leib und Seele überflüssig und schädlich ist. Maß muß sein. Nur nicht im Übermaß. Das ist die Regel, nach der es gilt, gut zu sich zu sein.

Warum gut zu sich sein?

Der Versuch, sein allerbestes Ich zu sein, tagein, tagaus, in den besten und schlimmsten Zeiten ist schwer, furchtbar schwer, und keiner weiß besser als du um das ganze Ausmaß dieser Schwierigkeit. Schon allein aus diesem Grund solltest du gut zu dir sein. Für immer und ewig das allerbeste Ich sein, besonders unter den allerschlimmsten Umständen, verlangt so viel Einsatz von dir, daß sich etwas gönnen wie Manna vom Himmel ist. „Ich will euch Brot vom Himmel regnen lassen" (Ex 16,4) – oder Schokoriegel vom Himmel oder Hummer vom Himmel oder frische Blumen in jedem Zimmer oder neue Badeessenzen oder eine Reise nach England im März. Sogar das Gorilla-Kostüm, das du schon immer wolltest, kann eine göttliche Sonderprämie vom Himmel sein.

Natürlich, wenn du nicht den Wunsch hast, heute und immer dein allerbestes Ich zu sein, dann sind für dich wahrscheinlich auch keinerlei göttlich inspirierten Freundlichkeiten oder Belohnungen drin. Schade. Gibst du dich mit weniger zufrieden, hast du deinen Lohn schon weg und bekommst genau das, was du genommen hast, nicht mehr, manchmal weniger; nie aber übersteigt er den Wert deiner Bemühung oder die Reinheit deiner Absicht.

Die nirgendwo ihrem allerbesten Ich nahekommen, sind am ärmsten dran und ganz jämmerlich durcheinander. Sie sind nicht gut zu sich selbst und werden dann von anderen auch nicht gut behandelt, und diese schlechte Behandlung der anderen geben sie wieder sich selbst weiter. Bald nimmt all das Schlechtmachen solche Ausmaße an, daß es scheinbar keinen Ausweg mehr gibt. Sie sind ihrem allerbesten Ich und Gott entfremdet und dazu verurteilt, sich selbst und andere ewig schlecht zu machen – eins der allerschlimmsten Dinge, die man in seinem Leben tun kann.

Was Gutsein bewirkt

Das Wichtigste, was man lernt, wenn man gut zu sich selbst ist: wie man gut zu anderen ist. „Alles, was ihr wollt, daß euch die Leute tun, das sollt auch ihr ihnen tun. Das ist das Gesetz und die Propheten“ (Mt 7,12). Oder sei zu den anderen so, wie du zu dir bist. Genau das. Wenn du lernst, dein allerbestes Ich gut zu versorgen und zu verpflegen, dann lernst du fast wie von selbst, das allerbeste Ich der anderen pfleglich zu behandeln. Es ist wie ein Wunder, etwas im Kern Religiöses, niemals bloß Humanes. Die Liebe zu deinem

DIE WELT IST EIN
EHRFURCHTGEBIETENDER, GEWEIHTER,
HEILIGER ORT, AN DEM DIE KRÄFTE
DES UNSICHTBAREN DURCH DAS SICHTBARE
HINDURCHSCHEINEN UND AN DEM
SCHRECKEN UND LIEBE, HAß UND GNADE,
DAS GESPENSTISCHE UND
DÄMONISCHE, DIE GEISTLICHE WELT
UND DER STRAHLENDE GLANZ DES
GÖTTLICHEN FÜR DAS
INNERE AUGE WAHRNEHMBAR SIND...

DIE WELT STELLT
DEN STOFF ZUR RELIGIÖSEN
ERFAHRUNG BEREIT.

(ANNE BANCROFT)

Nächsten ist untrennbar verbunden mit der Liebe zu deinem allerbesten Ich und Gott. „Wenn jemand sagt: Ich liebe Gott, aber seinen Nächsten haßt, ist er ein Lügner ... Wer Gott liebt, soll auch seinen Nächsten lieben" (1 Joh 4,20-21). Zu anderen ebenso gut sein, wie du zu dir selbst gut bist – das gehört zu den größten, den göttlichsten Lehren, die man lernt, wenn man gut zu sich ist.

Wie das im wirklichen Leben aussieht, kann man am besten an der Liebe zu den Feinden sehen (vgl. Mt 5,43-47), zu den inneren wie den äußeren. Sie ist grenzenloses Vergeben gegenüber deinem allerbesten Ich und den anderen sowie ständig Gutes tun als Antwort auf das Böse, das einem ständig angetan wird (Röm 12,14-21). Gutsein zu dir selbst nimmt den Glanz des Göttlichen an, wenn es dich geduldig und freundlich macht, nicht eifersüchtig, nicht angeberisch, nicht unverschämt oder selbstsüchtig, wenn es dich nie zu Wutausbrüchen hinreißt oder dich wehleidig über das Böse brüten läßt, wenn du dich nicht über das Unrecht, sondern an der Wahrheit freust. Da Gutsein göttlich ist, kennt die Liebe keine Grenzen in ihrer Geduld, ihrem Vertrauen und Hoffen, in ihrer Kraft, alles zu ertragen (1 Kor 13,4-8) – grenzenlose wunderbare Überraschungen. Prima!

Also bedeutet gut zu sich und anderen sein entweder die heilsame Liebe entdecken, die niemals schwindet, oder immer dicker werden, einen Haufen Geld ausgeben und die schöne Zeit ohne

Farbe verkleckern. Die göttliche Schönheit eines Eisbechers hat der Mensch offensichtlich dort im Auge (in diesem Falle: im Mund), wo das eigene allerbeste Ich, Gott und alle andere Schönheit ruht. Zu sich selbst gut sein heißt, sich das Auge ruhig, ungetrübt und freudestrahlend zu bewahren, so daß es den Glanz des Göttlichen überall wahrnehmen kann. Dann erscheint dir alles, was dein Auge erblickt, gut.

Zehnter Tip:

Lebe so, als hättest du nichts zu verlieren

Wenn du nun gewissenhaft die todsicheren Tips eins bis neun befolgt hast, gibt es nur noch eins, was du unbedingt beherzigen solltest, um mehr Spaß am Leben zu haben: Lebe so, als hättest du nichts zu verlieren. Bei all dem Nachgraben, Suchen, Hören, Verlieren und Finden, mit dem du bei den ersten neun Tips beschäftigt warst, ist die Wahrscheinlichkeit groß, daß dir alle Weisheit gänzlich ausgetrieben wurde, und was immer zu verlieren war, ging verloren. Die neun Punkte scheinen auf den ersten Blick unschuldig, lustig und harmlos, aber schon beim ersten Versuch werden sie wahre Killer. So ein Stoff wird besser erst am Ende durchgenommen.

Hast du dich aber durch alle neun Tips durchgekämpft, dann hast du höchstwahrscheinlich tausend Ängste durchgestanden. Jahrelang nisteten Qualen in deinem Herzen, suchten dich die schlimmsten Alpträume heim, und die verborgensten Schrecken kamen direkt vor deinen Augen zum Ausbruch. Nichts zu verlieren haben: weil wir einzig und allein um die Verlustseite wissen, „können wir – kaum bei Bewußtsein, kaum noch am Leben – den Schmerz und die Ohnmacht, festgefahren und vom Leben ausgeschlossen zu sein, nur ertragen, wenn irgendein gnadenvolles Geschehen uns mit neuer Weisheit entgegenkommt" (Sylvia Brinton Perera, Descent to the Godness. Toronto 1981, 36).

Alles verlieren, was verloren werden kann, das kommt im Endeffekt der Vision Ezechiels von den ausgetrockneten, verstreuten Gebeinen sehr nahe. Hier gibt es offensichtlich nichts, gar nichts mehr zu verlieren. Nichts zu verlieren haben: die dunkle Seite besteht gerade darin, daß man absolut alles zu verlieren hat. Solange nicht alle Furcht vor dem Verlust verschwunden ist, ist immer noch etwas zu verlieren. „Furcht gibt es in der Liebe nicht, sondern die vollkommene Liebe vertreibt die Furcht ... Wer sich fürchtet, dessen Liebe ist nicht vollendet" (1 Joh 4,18). Alle Furcht vor Verlust ablegen ist die schlimmste, dunkelste, tödlichste Seite an der Aufgabe, so zu leben, als hätte man nichts zu verlieren.

Dank sei Gott für das Auf und Ab des Lebens: für das Zunehmen und wieder Abnehmen des Mondes; für das Licht, das der Dunkelheit folgt,

IHR AUSGETROCKNETEN GEBEINE,
HÖRT DAS WORT DES HERRN!

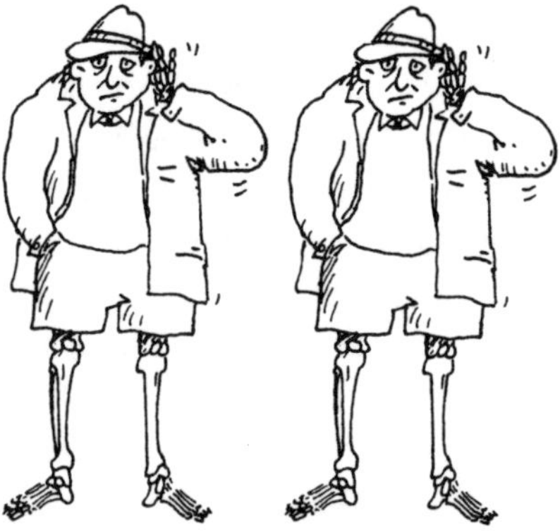

ICH SELBST BRINGE GEIST IN EUCH.
ICH UMGEBE EUCH MIT FLEISCH,
ÜBERZIEHE EUCH MIT HAUT,
DANN WERDET IHR LEBENDIG.

(EZECHIEL 37,4-7)

gerade wenn die Dunkelheit das Licht überwältigt; für das ewige Geheimnis von Tod und Auferstehung.

Wir alle werden wieder aufgehen wie der Mond. Unser allerbester Gott läßt uns wieder aufstehen, aber nicht so, wie wir vorher waren. Sondern funkelnagelneu. Alles verlieren, was zu verlieren ist, macht uns furchtlos, unerschrocken, unzerstörbar, neugeboren, jungfräulich und fähig, jederzeit in den Himmel aufgenommen zu werden.

Selbst die normale Lebensweise wird auf eigenartig ruhige Weise anders. Nicht mehr voll Furcht sein, nichts mehr zu verlieren haben: Das Leben ist nicht länger bedrückend und belastend, qualvoll oder todlangweilig so wie früher. Wenn das Verlieren zu einem Teil der verborgenen, insgeheim göttlichen Bewegung des Lebens wird statt immer zur Schuld von irgendwelchen anderen, dann weitet sich der Blick immer mehr, und es erfüllt dich Anteilnahme mit allen, die leiden. In „Briefe an einen jungen Dichter" schreibt der Philosoph und Dichter Rainer Maria Rilke über diese Erneuerung des menschlichen Geistes: „Dieser Fortschritt wird das Liebe-Erleben, das jetzt voll Irrung ist ..., verwandeln, von Grund aus verändern, zu einer Beziehung umbilden, die von Mensch zu Mensch gemeint ist, nicht mehr von Mann zu Weib. Und diese menschlichere Liebe (die unendlich rücksichtsvoll und leise, und gut und klar in Binden und Lösen sich vollziehen wird) wird jener ähneln, die wir ringend und mühsam vorbereiten, der Liebe, die darin besteht, daß zwei Einsamkeiten einander schützen, grenzen und grüßen" (Frankfurt a.M. 1958, 39).

„Ausgetrocknet sind unsere Gebeine, unsere Hoffnung ist dahin, wir sind verloren" (Ez 37,11) – dies gilt nicht länger. Heilung tritt ein, ganz selbstverständlich und allmählich, zur richtigen Zeit. Friede wird Gottes Geschenk sein. Der Friede, der alles Verstehen übersteigt. Zuletzt bekommen die ausgetrockneten Gebeine wieder Atem, Fleisch, Haut. Sie werden wieder lebendig. „Mein Herz und mein Leib jauchzen ihm zu, ihm, dem lebendigen Gott" (Ps 84,2). Was Gott dann schenkt, ist reine Freude, reines Vergnügen und ganz bestimmt mehr Spaß am Leben. Freude, die schließlich vollkommen ist. Niemand ist freier, als wer nichts zu verlieren hat!

Du siehst: Wer so lebt, als hätte er nichts zu verlieren, kommt dem Göttlichen so nahe wie nur irgend möglich. Alles verloren haben außer deinem allerbesten Ich und Gott – jetzt ist ganz klar, daß dein allerbestes Ich eine göttliche Wirkung auf die ganze Umgebung hat. Das Leben in allen seinen Bereichen wird allmählich und unmerklich immer göttlicher.

Für Johannes vom Kreuz gibt es keine größere oder notwendigere Arbeit als zu lieben. Augustinus rät: „Liebe, und dann tu, was du willst." Genau das gleiche. „Gott ist die Liebe, und wer in der Liebe bleibt, bleibt in Gott, und Gott bleibt in ihm“ (1 Joh 4,16). Je vollkommener die Liebe, desto reiner und umfassender die Freude, die jeden wieder an den Anfang bringt, an das Leben mit mehr Spaß als alle anderen – das erste und letzte, was du tun solltest, solange du lebst. Lebe so, als hättest du nichts zu verlieren, und freu dich mehr als alle anderen – Ende und Anfang gehen ineinander über wie eine Art ewiges Leben. Genau darauf zielen meine todsicheren Tips: dir zu zeigen, wie man den Tod überwindet und für immer lebt.

Nachwort

An diesem Punkt angelangt, kam in meiner Vorlesung über zehn todsichere Tips für mehr Spaß am Leben eine kleine Vorstellung dran, wie man lebt, wenn man nichts zu verlieren hat. Ich machte klar, daß diese Vorstellung tatsächlich das letzte in meinem Leben sein könnte, da es ja theoretisch meine letzte Vorlesung war, und ich erklärte auch, daß keine Nonne und Dekanin im Alter von zweiundvierzig Jahren jemals das tun würde, was ich gleich tun wollte – es sei denn, es gibt wirklich nichts mehr zu verlieren. Die Studenten bekamen knallrote Zimtlutscher und die Aufgabe, meine Liste durchzugehen und das herauszusuchen, was sie am liebsten tun würden, solange sie noch leben. Ich verschwand kurz für das große Finale.

SUMM
SUMMM
LIEBE: DAS WORT MIT "L"
(JOHANNES VOM KREUZ)
SUMM
WIE DIE BIENE, DIE HONIG VON ALLEN WILDEN BLUMEN SAUGT UND DIESE ZU NICHTS ANDEREM BENUTZT, SO ZIEHT DIE SEELE EINFACH DIE SÜßE DER LIEBE AUS ALLEN DINGEN, DIE IHR GESCHEHEN.
DAS HEIßT, SIE LIEBT GOTT, ALSO FÜHRT ALLES SIE ZUR LIEBE... UND IHR VERGNÜGEN IN ALLEN DINGEN IST IMMER DIE FREUDE AN DER LIEBE (ZU IHREM ALLERBESTEN ICH, ZUR ARBEIT UND) ZU GOTT.
SUMM
SUMM

Gleich darauf erschien ich auf der Empore des Hörsaals und beendete die Vorlesung im Gorilla-Kostüm – etwas, was ich schon immer tun wollte. Das gefiel offensichtlich allen, aber ich hatte bestimmt mehr Spaß als alle anderen.

Wie man sich denken kann, waren „Freu dich mehr als alle anderen“, „Such dir eine Zuflucht“, „Sei gut zu dir“ die Lieblingstips der Studenten. Während „Denk mal an, Nonne zu sein“ natürlich kein Renner war, gaben doch alle zu, daß das Ordensleben weit interessanter sei, als sie je gedacht hätten. Die anderen Punkte waren für eine Sternennacht im Frühling zu anstrengend und ernsthaft, um näher darüber nachzudenken. Die übrigen Tips wurden als durchaus nötig und empfehlenswert eingeschätzt; sie bekamen höflichen, aber nicht gerade begeisterten Applaus.

Im Hinblick auf die ganze Liste „Zehn todsichere Tips für mehr Spaß am Leben“ wird allen geraten, bei Punkt eins anzufangen, alle zehn durchzumachen und keinen auszulassen. Auf diesem Wege kannst du sicher sein, daß du wieder am Anfang herauskommst – die größte Überraschung wie bei einer Schatzsuche. Das verdorrte Gebein kommt mehr und mehr zum Leben, unzerstörbar. Unfähig zu sterben, fügt sich alles mehr und mehr zu deinem alllerbesten Ich zusammen. Es wird immer göttlicher und immer mehr in den Himmel aufgenommen. Oder man könnte sich auch vorstellen, das wäre der Himmel. Oder wie auch immer.

„Die neue Zeit ist angebrochen und mit ihr gutes Gelingen. Und so, wie die Sonne kräftig in doppelter Schönheit nach dem Regen scheint oder wie die Wälder nach einem Feuer in frischerem Grün aus gereinigten Stümpfen sprießen, so erscheint das neue Zeitalter im Gegensatz zum Elend der alten in strahlenderem Glanz" (I Ging).

Das heißt: Es war einmal ein kleines Mädchen, das freute sich mehr als alle anderen, gewann Einsicht, ging in die Tiefe, suchte sich eine Zuflucht, schrieb etwas am Ende des Tages, dachte daran, Nonne zu sein, machte sich gewinnend, lebte eine Weile allein, war gut zu sich und lebte so, als hätte sie nichts zu verlieren – sie tat alle zehn todsicheren Tips, bevor sie starb, und lebte danach glücklich immerfort.

So hat das Buch noch einen märchenhaften Schluß.

Heiter und hintergründig

Lionel Blue
Das Blaue vom Himmel
Überirdische Wahrheiten für das irdische Leben
128 Seiten, Paperback.
ISBN 3-451-21528-4

Georg Geßner
Liebster Jesus, wir sind vier
Neue Schmunzeleinheiten
72 Seiten, Paperback.
ISBN 3-451-22038-5

Michael Graff / Jules Stauber
Himmel hilf, ich faste!
48 Seiten, Paperback.
ISBN 3-451-22195-0

Michael Graff / Jules Stauber
Stoßgebete am Computer
2. Auflage, 48 Seiten, Paperback.
ISBN 3-451-21824-0

Eduard Imhof
Meine sehr verehrten Heiligen
Liebesbriefe eines Pfarrers
3. Auflage, 144 Seiten, Paperback.
ISBN 3-451-21334-6

Stano Kochan
Was schreibt die Maus dem lieben Gott?
3. Auflage, 64 Seiten, Paperback.
ISBN 3-451-20411-8

Angela Toigo
Gebete einer Maus
13. Auflage, 48 Seiten, Paperback.
ISBN 3-451-19859-2

Verlag Herder Freiburg · Basel · Wien

Anthony de Mello im Verlag Herder

Der springende Punkt
Wach werden und glücklich sein
3. Auflage, 200 Seiten, gebunden.
ISBN 3-451-22170-5
Wir selbst sind das Glück, das wir suchen. Überzeugende Einsichten und verblüffende Beispiele des weltbekannten Autors.

Warum der Schäfer jedes Wetter liebt
Weisheitsgeschichten
5. Auflage, 192 Seiten, gebunden.
ISBN 3-451-21184-X
„Geschichten mit feinem Humor gewürzt, liebenswürdig, menschlich und köstlich" (Zeit im Bild).

Warum der Vogel singt
Weisheitsgeschichten
128 Seiten, Paperback.
Herder/Spektrum Band 4149
ISBN 3-451-04149-9
Wie in einem Brennglas konzentriert: westliche und östliche, antike und moderne Lebenserfahrungen aus mehr als zwei Jahrtausenden.

Wer bringt das Pferd zum Fliegen?
Weisheitsgeschichten
2. Auflage, 176 Seiten, gebunden.
ISBN 3-451-21492-X
„Die Frage nach dem Sinn des Lebens muß sich jeder selbst stellen, doch kann der Blick auf das Komische im Leben dabei nur dienlich sein" (Sendbote).

Wie ein Fisch im Wasser
Einladung zum glücklichen Leben
120 Seiten, gebunden.
ISBN 3-451-22823-8
„Sie und nur Sie entscheiden darüber, ob Sie glücklich oder unglücklich sind" (Anthony de Mello).

Verlag Herder Freiburg · Basel · Wien